はじめに

　ここ数年「クレーマー」という言葉がクローズアップされて以来、一握りの企業に対する常習的な苦情申立人が、クレームを申し立てる人の大多数を占めると錯覚している企業人も少なくないようです。たしかに少ないながらも、企業に確実にダメージを与える悪質クレーマーへの対応は重要な課題です。しかし、正当な苦情申立と悪質な苦情申立の適切な峻別をすることなく、短絡的にクレーマーとして排除するといったラフな対応は、これもまた企業に確実にダメージを与えます。

　企業にとってお客様からの「嘘でしょー」という内容の苦情申立は直ちに捏造申告、お客様が「いい加減にしろー」と大声をあげたら、「大声を出した。はい、こいつは悪質クレーマー」としてしまうケースが現実にあります。苦情対応のスキルやマインドを欠いた結果にほかなりません。正当な苦情申立は、企業が気付いていない企業のリスク情報をお客様が提供してくれるものです。このリスク情報を活かさないのは本当にもったいないことです。

　本書では、苦情対応が内部統制整備という観点から、いかに重要な課題と位置づけられるべきものかについて説明するとともに、苦情対応のスキルとマインドについて実例を通じて解説しています。本書が、お客様の苦情をしかと受け止めて、お客様に感動を返す一助となれば幸いです。

　最後に、自作のクレーム対応の図表の転載を快諾いただいた深澤直之弁護士、さらには執筆に際して的確なアドバイスをくださった㈱経済法令研究会の小西新一氏、金子幸司氏に対して、心より御礼申し上げます。

2009年1月

　　　　　　　　　　　　　　　　　　　　　　　　　森原 憲司

CONTENTS

序　章　クレーム対応は内部統制そのもの……4

第1章　クレームとは何か？……9

第2章　押さえておきたいクレームの実態……14

第3章　正当なクレームと悪質なクレーム判別法……23

第4章　クレーム対応の実際……28

第5章　正確な事実関係確認の重要性……36

第6章　事実関係の確認に失敗した対応事例……50

第7章　失敗事例から学ぶこと……61

第8章　クレーム対応のマインド……69

第9章　クレーム対応のマインドを事例から考える……72

第10章　金融機関のクレーム対応……82

第11章　クレームを吸収して感動を返そう……90

CONTENTS

★コラム★
①お客様にとって苦情申立は高いハードル……17
②お客様第一主義とクレーム対応……21
③商品確認に関する拙速な対応事例……38
④「誠実性」ということ……71
⑤声に出して読みたい社内マニュアル……89

●書式例●
・仮処分申立書〈例〉……32
・仮処分決定主文〈例〉……35
・苦情対応票〈例〉……41
・誠実供述に関する誓約書〈例〉……44

序章　クレーム対応は内部統制そのもの

1　クレーム対応はしんどいもの？？？

　「クレーム対応」と聞いて、どういうイメージが浮かぶでしょうか。クレーム（苦情）対応は、「しんどい」「きつい」「鬱陶しい」といったネガティブなイメージが浮かぶ人がほとんどではないでしょうか。実は、私もかつてはそのようなイメージしか持っていませんでした。

　しかし、今はクレーム対応をそのようなイメージだけでは捉えていません。このことは、私が弁護士として歩んできた道と関係があるのかもしれません。

　弁護士として仕事を始めた最初の5年半、私は、企業法務を中心とする法律事務所で企業を外部からサポートしてきました。次の5年間は外資系の生命保険会社で、社内弁護士として社内のコンプライアンス態勢の構築と内部統制システムの整備をサポートしてきました。つまり、企業の外側からのサポートと企業の内側からのサポートの両方の機会を経験できたのです。

　私が、もし企業の外側からのサポートの機会しか経験していなければ、クレーム対応は、「しんどくて、鬱陶しいもの以外の何ものでもない」というように理解していたと思います。なぜなら、社外の弁護士に持ち込まれるクレーム案件は、「悪質な」「執拗な」「凶暴な」「陰険な」クレーム案件がほとんどだからです。

　しかし、企業の内側からクレーム案件を見ると、全く別のものが

見えてきました。すなわち、ほとんどのクレームは極めて真っ当なクレームだったのです。しかも、クレームを伝えてくださるお客様は会社のファンであることが多いということも、それまで「クレームとは企業に言い掛かりをつけてくること」と決め付けていた私にとって新鮮な驚きでした。これは考えてみれば当たり前のことです。企業に対する至言（クレームは「宝の山」と言われるところです）を弁護士に相談する必要はないので、外部の弁護士に持ち込まれるのは悪質・執拗・凶暴・陰険なクレーム案件に限られます。その結果、私自身知らず知らずのうちにクレームの総体を、しつこくて凶暴なものと思い込んでいたところがあったのです。しかし、クレームの総体はけっしてそのようなものではありません。ほとんどのクレームは企業が真剣に耳を傾けるべきものです。

2　10年間の企業の消費者対応の変遷

　2008年12月に出された社団法人消費者関連専門家会議ＡＣＡＰ研究所（内閣府国民生活局所管の公益法人）の「10年間の企業の消費者対応の変遷」の「まとめ」には、次のような記述があります。「企業の消費者対応部門は、かつての<u>『苦情処理中心型』</u>から<u>『原因究明・品質向上型』『消費者情報の収集・分析活用型』</u>、そして<u>「生き残るためのＣＳＲ・消費者志向型経営」</u>へと進化している様子がうかがえる。

　しかし、世の中を総じて見れば、不祥事や安全・安心を揺るがす事件や問題等は多発し、消費者の企業に対する信頼感は後退している。企業の事業規模や知名度の大小にかかわらず、<u>経営責任者の意識、社内の危機管理体制の構築状況、消費者対応部門の実態は異なり、小さな事象が見過ごされてしまい、取り返しのつかない結果を導いた例はあまたある。</u>

消費者の信頼を獲得し企業が存続すること、そして豊かで暮らしやすい社会の持続的発展に貢献するためには、製品・サービスの質の向上のみならず、ＣＳＲやコンプライアンス経営、消費者志向の社内体制の再構築、強化が必要である。<u>ステークホルダーのひとつとしての消費者とのコミュニケーションを深め、消費者の声に真摯に耳を傾け、経営にいかしていくことが求められる。</u>」
　ＡＣＡＰの提言する、「消費者の声に真摯に耳を傾け、経営にいかしていくことが求められる。」は、まさに至言といえましょう。「正当なクレーム」と「悪質なクレーム」の判別を誤ったがために、「耳を傾けるべき正当なクレーム」を聞き逃す損失はけっして看過できるものではありません。
　そのような経緯から、本書は弁護士の書いたものとしては珍しく、「正当なクレーム」との向き合い方について紙幅を割いています（悪質なクレームについての対応をさらに深く掘りさげたい方は、本書でも作図の引用をご快諾いただいている弁護士深澤直之氏の著作「悪魔の呪文『誠意を示せ！』悪質クレーマー撃退の50ポイント」東京法令出版、および森原「反社会的勢力対策とコンプライアンス」経済法令研究会をご参照ください）。
　また、正当なクレームが寄せられたときに、クレームの対象となっている社員が、自己保身に走りお客様の苦情申立を言い掛かりと論難する、ケースもないわけではありません。次に詳説するとおり、正当なクレームへの対応であれ悪質なクレームへの対応であれ、<u>クレーム対応は企業の内部統制そのもの</u>ですから、どちらの言い分に正当性があるかについて企業自身に見極める力を持っていただきたいところです。

3　クレーム対応はなぜ内部統制そのものなのか

本書の既述は、すべて筆者の具体的に取り扱った事件や調査活動を踏まえた成果です。あるいは、ここまで微に入り細に入りと感じられる場面もあるかもしれません（特に事実確認の章）。しかし、クレーム対応は「企業へのリスク情報の提供の取扱いの問題」であることを認識いただければ、微に入り細に入りの対応がけっして行き過ぎたものでないことは、容易に理解いただけるところだと思います。

　会社法上の内部統制の中核となるのは「リスク管理」です。ほとんどのクレームは「企業のリスク」を生活者が知らせてくれるものです（正当なクレーム）。生活者の貴重なリスク情報を正確に把握し適切な対応をとることは、リスク管理そのものです。また割合としては僅かではあるものの、言い掛かりクレームや過剰要求クレームといった悪質クレームの対応を誤ることも、「企業のリスク」に直結する問題です。適切なリスク管理が要請されるところです。

4　内部通報制度とクレーム対応は相互補完の関係にある

　多くの企業では、内部統制システムの重要な一角として、「内部通報制度」（コンプライアンス・ホットラインあるいはヘルプラインといった名称も少なくありません）といった制度を設置しています。企業内部の問題を、企業自身が自ら早期に発見して、自浄作用を果たし問題を改善していこうというものです。この制度の利用者は、多くの場合企業の役職員です。

　ところが、当該企業の商品やサービスに直接触れる機会が一番多いのはお客様である生活者です。生活者も企業の問題について接する機会は非常に多いのです。内部通報制度で拾いきれない問題点については、クレームによって初めて気付かされることも少なくないのです。内部通報制度とクレーム対応は、拾い上げる声の対象が

「企業の内側からの声」なのか「企業の外側からの声」なのかという違いがあるものの、ともに「リスク情報の提供」という意味で共通するものです。

企業の内側から提供されるリスク情報であれ、外側から提供されるリスク情報であれ、これらの情報の吸収ルートを目詰まりさせることなく適切に問題を吸い上げ、分析対応することがまさに「内部統制」です。内部通報制度は企業のリスク情報を企業の内から拾い、クレーム受付窓口は企業のリスク情報を企業の外から拾うという関係にあり、実は内部統制（リスク管理）を相互補完するものと言えるのです。このようにクレーム対応は、内部統制の重要な一翼を担うものなのです。

そうであれば、クレーム担当部署に丸投げとするのではなく、企業の重要な経営課題のひとつとして位置付ける。場合によってはクレーム対応を誤ることで、企業の土台が揺るがされることもあることを十分認識することが大切です。

5　クレーム対応のスキルとマインド

クレーム対応について、「お客様と誠実に向き合えば自ずと解決できる」ということを耳にすることがあります。間違いではありませんが、それだけでは不十分です。お客様と誠実に向き合うという「マインド」と、具体的に様々な場面でどのように対応するべきかという「スキル」がセットされて初めてクレーム対応はうまくできるようになります。また、その「マインド」も「スキル」もある特定個人の個人技では不十分です。クレーム対応が企業の内部統制の問題の一環として位置づけられる以上、人事異動があっても伝承されるマインドとスキルでなければなりません。

第1章　クレームとは何か？

1　最近ずれていないか？……「クレーム」についての認識

　クレーム（ｃｌａｉｍ）を、我が国では「苦情を言う」という意味で使われるようになって久しいです。しかし、クレームの本来の意味は、「（正しいこととして）主張する」というものです（エクスプレスＥゲイト英和辞典・ベネッセコーポレーション）。「苦情を言う」という意味で用いられるべきは、「ｃｏｍｐｌａｉｎ」となります。

　ここで私は、「これからは『クレーム』という呼称はやめて、正しく『コンプレイン』と言いましょう」などというつまらないことを申し上げるつもりは毛頭ありません。この１年、企業のクレーム対応に関して、企業側・生活者側の双方から相談を受ける機会が急増しました。そこで感じることは、クレームの本来の意味「（正しいこととして）主張する」に、今一度企業側も生活者側も立ち戻って考えてみるべきではないかということです。

　企業側は「（正しいこととして）主張されている苦情」で、かつそれが客観的に正当なものであっても、クレームを申し立てる人＝クレーマーという言葉に張り付いたネガティブなイメージに引きずられ、その主張の「正しさ」を直視することなく、とにもかくにも苦情申立を鎮圧することや、問題回避に腐心していることがままあります。

　生活者側は、自分が主観的に「正しいこと」と思えば、社会的相

当性を省みることなく一方的な主張に終始することが少なくありません。この傾向が極大化したのが「モンスター・ペアレント」や「モンスター・ペイシャント」（患者）と呼ばれる明らかに問題のあるクレーマーです。

　また自分の主張が通らない（言い掛かりクレーム・過剰要求クレーム）ことを自覚しながら、被害者然として振る舞う「悪質クレーマー」も相変わらず存在します。この領域は反社会的勢力が跋扈する領域でもあります。

　このように一口に「クレーム」と言っても、その内容は多岐にわたります。そのような混沌とした状況にある「クレーム」について、当該クレームの性質を正確に見極めることはとても重要なことになります。従来から言われている「クレームは宝の山」は、今もって至言であり、企業としては真っ当なクレーム・正当なクレームについては、むしろ企業側から出向いてでも集めてくるべきです。

　他方で「モンスター・クレーム」「悪質クレーム」については、その数は少なくても、それに対応するマンパワー・時間コストは馬鹿にならず、効果的な「悪質クレーマー対策」が実践できなければなりません。この見極めを誤って、「宝の山」と評すべきクレームを「悪質クレーム」として排除したり、「悪質クレーム」にいたずらに膨大な人と時間を割くといった愚は避けなければなりません。

2　クレーム対応の全体構造

　クレーム対応の全体構造は、極めてシンプルです。
　まずもって<u>正当なクレームと悪質なクレームを正確に判別すること</u>です。正当なクレームと悪質なクレームをはっきりと判別する前提として、正確な事実確認が重要になります。次に必要なことは、<u>判別した正当なクレームと悪質なクレームそれぞれについて、最適</u>

な対応をとることです。

そこで本書では、
① 正当なクレームと悪質なクレームの判別法
② 正当なクレームへの対応法
③ 悪質なクレームへの対応法
④ 判別の前提となる「事実確認」の重要性
を検討することとします。

3　金融検査マニュアルのお客様保護等管理態勢の確認検査用チェックリストの中のお客様サポートマニュアルの内容との関係

　金融検査マニュアルのお客様保護等管理態勢の確認検査用チェックリストの中のお客様サポートマニュアルの内容として、次の事項が定められています（チェックリストⅡ－2―③、説明の便宜上ⅰからⅶを付します）。

　ⅰ　相談・苦情等の記録の作成及び保管に関する手続
　ⅱ　相談・苦情等に対する内容の確認の手続（相談・苦情等の受付、相談・苦情等の内容の確認の手続）
　ⅲ　相談・苦情等への対処の手続（相談・苦情等に関しお客様の納得を得るための対応、相談・苦情等の解決に向けた進捗管理、長期未済案件の発生防止及び相談・苦情等が紛争となった場合の手続等）
　ⅳ　相談・苦情等についての情報を関連する部門に伝達するための手続
　ⅴ　反社会的勢力による相談・苦情等を装った圧力に関する連絡先及び手続
　ⅵ　法令等違反行為が疑われる場面の典型例及び法令等違反行為

が疑われる場合の担当部門の連絡先（コンプライアンス統括部門等）
　ⅶ　振り込め詐欺等の犯罪の被害や口座の不正利用が疑われる相談・苦情等に対する対処の手続

　ⅰは「保管」に関する事項、ⅳは「伝達」に関する事項ですから区分としては手続的・技術的な事項となります。個別・具体的な苦情事案とは切り離して「保管」「伝達」に関する一般的・抽象的なルールを定めれば足ります。

　これに対して、①正当なクレームと悪質なクレームの判別法は、ⅱ「（苦情等の）内容の確認」と重なります。苦情の内容を正確に確認することによって、正当なクレームなのか悪質なクレームなのかを的確に判別することができます。

　また、②正当なクレームへの対応法と③悪質なクレームへの対応法は、ⅲ「対処」、ⅴ「反社会的勢力」、ⅵ「法令等違反行為」、ⅶ「犯罪の被害」と関連します。

　これら「判別法」「対応法」は、「保管」や「手続」に関するⅰやⅳのように一般的・抽象的なルール化では足りず、個別具体的な事案に則した実践的なものでなければ実務で使いものになりません。

　例えばⅱの「相談・苦情等に対する内容の確認の手続」について、「受付窓口はお客様相談室室長とする」「内容の確認手続はお客様相談室室長が苦情申立人および苦情申立対象者から直接行う」と定めても、それだけでは個別の苦情に対する具体的な対応法の前提となる苦情の十分な内容確認は不可能です。

　正当なクレームと悪質なクレームの判別がきちんとでき、加えて正当なクレームと悪質なクレーム各々への適切な対応を実践することによって、初めて金融検査マニュアルのお客様保護等管理態勢の確認検査用チェックリストの中のお客様サポートマニュアルで指摘

された事項について、実質的に対応できたということになります。
　クレーム内容の的確な判別と判別されたクレームに対する的確な対応がクレーム対応のＡｔｏＺといっても過言ではないのです。

第2章　押さえておきたいクレームの実態

1　ほとんどのクレームは正当なクレーム

　お客様の相談・苦情のほとんどは、組織にとって極めて有用な正当なクレームです。新聞報道でも「最初から問題のある苦情者は1～2％」とされています（日本経済新聞2008年5月9日夕刊）。

　多くの企業の社員研修を担当する接客応対研修のインストラクターの最近の著作においても、「私の経験から見て、数あるクレームの中でクレーマーによるものは実に1割あるかどうか。金品目当ての悪質クレーマーに限っていえば、その中でもほんの一握りです」となっています。（浦野啓子「自分でも不思議なほどにクレーマーを味方にしてしまう私の方法」明日香出版社～2008年10月13日初版）。

　裏を返せば、数％の悪質な苦情を除く90数％の苦情は、企業側でその申し出を真摯に受け止め、今後の経営に活かしていくことが重要かつ必要な苦情ということになります。もちろん僅かとはいえ、問題のある苦情（≒悪質クレーム）に割くコストもけっして無視することはできません。悪質クレーマーは際限なく苦情を申し立てるので、苦情を受ける側の社員のメンタル・ヘルスにも注意する必要があります。

　先にみたとおり多くの苦情は、組織にとってありがたい指摘・示唆となります。苦情申立がないことをもって、「お客様は不満を持っていないのだ」などと考えるのは大間違いです。そもそも、ある

企業に対して「おかしい」「変だ」「問題だ」と感じたとき、それをわざわざ言ってくれる人はむしろ少数派です。多くの人は、その店舗に行かなくなるのです。苦情申立がないまま、どんどん客足が遠のき、お客様に背を向けられる企業も現に存在します。

2　利用者はなぜ苦情を申し立てるのか

　まず議論を整理して進めるために、90数％の問題のない苦情（≒正当なクレーム）について考えてみましょう。

　正当なクレーム申立は、その企業に対する期待値と相関関係があります。商品やサービス（接客態度も含めて）に対して、高品質なものを期待していたのにそれが期待どおりでなかったときに、お客様の心に苦情を申し立てる動機が発生します。

　例えば、料理を注文してから相当時間が経過したのに料理が出てこない、あるいは間違った料理が供されたときに、名が通った店で発生した出来事か、そうでないかでお客様の受け止め方は異なるはずです。お客様はその企業のクオリティに見合った品質を期待して、その企業と接点を持つことになります。そして、その企業の商品やサービスに対する信頼と期待を前提に、当該企業と接点を持ったのに、それが裏切られたときお客様は深く失望します。

3　がっかり＝クレームとは必ずしもならない

　ただ、深く失望しても、必ずしもクレーム申立という具体的なアクションに直結するわけではありません。

　失望したお客様の心には、相反する2つのカテゴリーの想いが交錯します。ひとつのカテゴリーには、①自分のクレームを適切に処理してほしい、②企業の今後の運営に効果的に活かしてほしい、といった想いが入ります。

もうひとつのカテゴリーには、③こんな企業に言っても無駄かもしれない、④無駄になるだけならまだしも、万一クレーマー扱いでもされたら嫌だから放っておこう、といった想いです。
　そして③や④の想いは、実際に声をあげるときの高いハードルとなります。このハードルを超えるエネルギーを考えると、多くの場合「面倒くさい」という意識になり、「こんな店二度と行くか」で終わります。立ち寄ったラーメン屋が、不味いラーメンを出したとしても、残して立ち去るだけです。「店長、ちょっと話がある」などという人はほとんどいません。このように、もの言わぬサイレントクレーマーは9割にものぼると言われています。
　「納得いかない」と「面倒くさい」を秤にかけると、「面倒くさい」が圧倒的に勝ることが多いのです。
　しかし、そのラーメン屋の常連さんでその店の大ファンだという人が、運悪く不味いラーメンに遭遇してしまったとしたらどうするでしょう。「店長、ちょっと話がある。これはいったい何だい。いくらなんでもひどいよ」と言うでしょう。いつもの美味しいラーメンをいつまでも作ってもらいたいからです。その店舗のファンなればこそ、苦情申立を行うわけです。店への愛情が「面倒くさい」を凌駕する場面です。
　次に、不味いというレベルを超え、味覚や嗅覚に異常値が検出されたらどうするでしょうか（例えば、腐敗臭までしたり、虫が入っている等）。大ファンの常連さんはかんかんに怒るでしょうし、初めて立ち寄った客の中にも、相当程度の割合の人が「店長、ちょっとこれ問題だよ」くらいのことを言うかもしれません。
　お客さんがこの場面で苦情申立をするのは、自分自身の不満もありますが、より公益的な意識も介在しているはずです。自分自身の不満だけなら退店してしまえば済みますが、こんな問題のあるラー

メンを他の人が口にしたら大変だという気持ちが働くからです。公益的要素が「面倒くさい」を凌駕する場面です。

つまり正当な苦情は、当該企業に期待を持っているお客様が、その期待値を下回った商品・サービスの提供に接して声を発してくれる場合と、期待値どころか異常値を目の当たりにして声を上げる場合があります。ただ、いずれも一般的な場面ではありません。多くの消費者は、声をあげることなく他の企業を選択することになります。

●コラム①　お客様にとって苦情申立は高いハードル

　今はすっかりＣＤが普及していますが、私が中学生の頃はアナログレコードしかありませんでした。当時はアナログレコードは１枚2,500円。中学生の小遣いでは毎月１枚しか買えません。選りすぐりの１枚を大枚を握り締めてレコード店に買いに行き、喜びいさんで自宅でレコードをかけると「ブチッ、ブチッ……」と傷の音。
　私の苦情申立の起源となる出来事です。いろいろなことを考えます。「お客さんがつけた傷じゃないの」って言われないだろうか？？そんなことはありません。宝物のように大切に取り扱ったレコードです。それでも心配で心配でたまりませんでした。「中学生だから簡単にあしらわれるのではないだろうか」などといった余計な心配までして、レコード店の店員さんとの想定問答を何パターンか繰り返しながらレコード店に向かいます。
　レコード店で、店員さんが店の機械でかけて確認して、「本当だ。ごめんね」といって新しいレコードに交換してくれたときの安堵感を忘れることはできません。私は、企業側であれお客様側であれ苦情関連の相談を受けるとき、苦情を申し立てる人のほとんどがこの高いハードルを乗り越えて、苦情を申し立てたんだということを心に刻みながら対応を考えるようにしています。

4　サイレントクレーマー

　そして、もっとも怖い「正当な苦情」とは声としてあがらない、ひとり一人のお客様の胸のうちに刻みつけられたクレームです（サイレントクレーム）。彼らは、企業にもの申すことなく去っていきます。

　企業の外部の者だからこそ気付くことができるリスク情報に、企業は接する機会もないままに、どんどんお客様離れが進行していくのです。9割といわれているサイレントクレーマーの比率がある程度正しいとすれば、各企業に向けられた苦情の実数は、実際に寄せられた苦情の10倍になると考えることができます。恐ろしい数字が出てくるのではないでしょうか。

　恐ろしいのはその数字の大きさだけでなく、その数字の9割の内容について「お客様が口をつぐんでしまったから知ることができない」という事実です。「知ることができない」という状況は、「何も対応できない」という非常に危険な状況が続くことになります。

　さらに恐ろしいのは、お客様が何に不満を感じているかを知ることができないから適切な対応をとれないという状況下で、同時に別の恐ろしい事態が進行することです。不満を感じながら、声に出さないお客様が去っていくことの重みを企業は真剣に受け止めるべきですが、場合によっては当該お客様が去っていくだけでは済まない場合もあります。

　先の「納得いかない」と「面倒くさい」を秤にかけたとき、「面倒くさい」というウエイトと「納得いかない」というウエイトが拮抗しており、僅かながら「面倒くさい」が勝っているような場合、「納得いかない」感は相当程度残っているのに口をつぐむことになります。これがまさに「泣き寝入り」です。

「泣き寝入り」させられたことに対する鬱積は簡単に消えません。鬱積を貯めておくのは身体に悪いので、多くの人は鬱積を解消すべくクレームを企業に言わない代わりに、家族や友人に話します。その話を聞いた家族や友人は、その話の内容が「えーっ」という内容のものであれば必ずその話を自分の家族や友人に話します。

　良し悪しはともかく、人は「えーっ！ウッソー！信じられない！」という話が大好きなのです。さらに恐ろしいのは、この「友人から友人へ伝わる話」は、まさに伝言ゲームのリスクを背負っています。現実に発生した商品・サービスの問題に相当の尾ひれがついた「信じられない話」が一人歩きします。意図せずとも伝言が繰り返されるなかで、話は少しずつインパクトのある内容にアレンジされていくことは避けられないのです。

　インターネット上でのネガティブ評価を懸念する企業もありますが、インターネット上の書き込みなど過度に心配する必要はありません。インターネット上の書き込み等については、匿名性を隠れ蓑にした無責任な発言が相当程度混入していることを多くの人が知っています。無責任な発言を無批判に信じて意思決定する人は一握りです。しかし、家族や友人を通じての情報の信頼性は格段に高いものです。その結果、「当社にはクレームがない」と安心していたら、お客様が去っていたという恐ろしい現実が残ります。サイレントクレーマーがひとり去り、さらにサイレントクレーマーを発信源とする話が尾ひれをつけながら拡散することによって、お客様離れが加速度的に進むのです。

　このようなお客様をサイレントクレーマーにするリスクを考えれば、「こんな企業に言っても無駄だ。面倒くさそうだ」「無駄どころかクレーマー扱いされるのではないだろうか」といったネガティブなイメージを、お客様に持たれないことの重要性は明らかです。

> 正当なクレーム（企業が誠実に対応すべきクレーム）
> ・当該企業に対する期待値を裏切られたとき当該企業の改善のために発せられるクレーム
> ・当該企業の商品・サービス等が異常値を示していたために、他の同様の被害発生を阻止するために発せられるクレーム
> ・声にならないお客様の胸の内に刻まれた企業に届かないクレーム
> 　（ただし、身内・友人らの間で尾ひれがついて流布されることになる）
> サイレントクレームの怖さ
> ・サイレントクレームは９割
> ・９割の苦情内容がわからないから企業側は対応できない
> ・企業側が対応できない間に問題が家族・友人を介してお客様間に流通する
> ・流通過程で情報は意図せずとも加工される（伝言ゲームのリスク）
> ・その結果としてお客様離れが進行する

5　正当なクレームが圧倒的に多いことを認識しないリスク

　正当なクレームの割合が圧倒的に多く、また声としてあがった正当なクレームは企業にとってありがたい指摘・示唆であるにもかかわらず、クレームというだけで「面倒なことになった」「早く片付けたい」という「厄介なもの」という意識に支配されることが少なくありません。これは、数％の割合に過ぎないと言われている悪質なクレーム対応に非常に手を焼いたことがトラウマとなり、クレー

ム≒言い掛かりといった先入観を持ってしまったことに起因するものかもしれません。

クレーム≒言い掛かりという先入観に基づく対応は、ありがたい指摘をしてくれているお客様に対しても、不必要にデフェンシブな対応をして端々に無用な摩擦を発生させることになります。対応を誤ったがために、正当なクレームを申し立てたお客様を、企業側がクレーマーに転化させてしまうということすらあるのです。

クレームと聞いて「厄介」と反応するのではなく、「感謝」と反応するくらいの反射神経が本当は必要なのです。まず、不快な感情が決壊したからこそ、「面倒くさい」のにあえてもの申しているお客様に対して、けっして謝罪の言葉を述べないために発生する摩擦があります。先に述べたとおり、多くのお客様は声をあげません。

●コラム②　お客様第一主義とクレーム対応

　多くの企業でお客様第一主義を経営理念に掲げています。ある企業で、お客様と業務を通じて接触する機会について調査したところ、お客様と接点のある役職員は実に２割に留まるという結果が出たそうです。

　その会社では、お客様との接点を増やす機会を増やす体制に変革したとのことですが、多くの企業では、やはり一部の役職員のみがお客様と接しているという状況は変わらないと思われます。そうすると、実にたった２割の社員の対応の良し悪しで会社の印象は決まってしまうのです。

　つまり、「この会社に苦情を伝えても、伝えないほうがよかった、と後悔することになりそうだからやめておこう」というサイレントクレーマーが増えるのも減るのも、会社の顔としてお客様と接する社員の日々のお客様対応如何なのです。

その企業に対する想い入れがとりわけ深いお客様や、明らかに異常値を示す問題に遭遇した場合のアラームを鳴らしているお客様のクレームを傾聴する姿勢もなく、ひたすらにガードを固める対応ではお客様はとうてい納得しません。お客様が企業との接点のなかで「不快」を感じているという事実に対して、企業は誠実な謝罪を申し出る必要があります。

第3章 正当なクレームと悪質なクレーム判別法

1 正当なクレームと悪質なクレーム判別法

　ほとんどのクレームは正当なクレームで、一握りのクレームが悪質なクレームであることは何度か述べてきたところです。正当なクレームを安易に悪質なクレームに区分してしまうと、お客様が発信する貴重なリスク情報を吸収することができなくなってしまいます。その意味で、正当なクレームと悪質なクレームの判別は重要なポイントとなります。

　悪質なクレームを、正当なクレームに誤って区分するということは起こりにくいことですが、実務上問題となるのは、正当なクレームと悪質なクレームの境界型の苦情申立です。

　具体的に考えてみましょう。

　次の流れ図を参照しながら確認してみてください。

```
①苦情申立にかかる事実はあるのか？
    ⇒ある……②へ
    ⇒ない……言い掛かり（悪質なクレーム）
②申立事実に照らし要求は適正か？
    ⇒適正……パターンA（正当なクレーム）
    ⇒不適正……③へ
③申立人は自らの申し出を不適正と認識しているのか？
    ⇒不適正と認識している……パターンB（悪質なクレーム）
    ⇒不適正と認識していない……パターンC（境界型・悪質クレーム
     予備軍）
```

事実関係の調査を行い、その結果、苦情申立にかかる事実が存在しなかったり、著しい加工・修正が施されているということになれば、それは「言い掛かり」です。区分としては「悪質なクレーム」となります。
　苦情申立にかかる事実があった場合、次に、申立事実に照らしお客様の要求は適正かどうかを検討する必要があります。
　もう少し細かく分析してみましょう。申立事実が「あり」ということになれば、企業側は「しかるべき対応」を提案することになります。「しかるべき対応」とは、通常のお客様であれば異論なく受け入れられるレベルの対応です。ここで、「しかるべき対応」では納得せず、「特別な対応」をお客様が求めるということになれば、それは適正な要求ではなくなります。
　ただ、ここで気をつけなければいけないのは、お客様が企業側との折衝でストレスを募らせて（しかるべき対応の内容に対するストレスに限らず、対応のスピードが遅い、面倒くさそうな話しぶり等々、お客様がストレスを募らせる事情には周辺事情も含め様々なものがあります）、勢いで「行き過ぎた特別対応」を口にすることがあります。また「特別対応」を求めないまでも、言い方が感情的になる場面もままあります。その一事をもって、即座に「悪質クレーム」と区分するのは早計です。交渉全体の経緯のなかで、はずみで出てきた発言、あるいは言い方かどうかを冷静に判断する必要があります。

　最終的に要求が適正なものであれば、返品を受け付けるなり、交換するなり、謝罪するなりの対応を速やかに行う必要があります。（パターンＡ）
　要求が不適正（過大・過剰・非常識）なものであれば、お断りす

ることになりますが、このときお客様の内心に着目すると、さらに2つのパターンを考えることができます。

　すなわち、お客様の申し出は客観的にみて不適正であり、なおかつお客様自身が、不適正であることをよくわかっている場合がひとつです（パターンB）。

　もうひとつは、お客様の申し出は客観的にみて不適正であるが、お客様自身は全く自分の申し出はおかしくないと確信している場合です（パターンC）。

2　3つのパターンを具体例で考える

　例えば、2千円でスカーフを購入したお客様が「しみが付いている」と苦情申立を行ったとしましょう（真実、店舗側の管理ミスでしみが付いていたとします）。2千円のスカーフコーナーには同じ柄のスカーフはなく、しかもセール品ゆえ在庫もありません。隣のブランドコーナーを見ると、1万円のスカーフで似た柄のものがありました。お客様はそれを見つけ、「あっ、これそっくりじゃない。私これにするわ」と言いました。

　ここで差額の8千円を支払えば、正当な苦情申立であったと判断できます（パターンA）。

　ここで差額の8千円について、「2千円コーナーに同じ柄がないのは、そちらの事情。私は迷惑を受けたんだから、8千円は迷惑料と考えて」と言うのなら、このお客様の苦情申立は客観的に不適正ですし、ご本人もそのことをよくわかっています。「差額をお支払いください」と、お伝えするほか選択肢はありません（パターンB）。

　ところが、現場はこのようにわかりやすい話ばかりではありません。現実には「うーん……8千円も高いのね。困ったわ。ねぇこう

しない。5千円出すから、こっち（ブランド品）と交換してよ。痛み分けってことで」と言い出すお客様がいらっしゃいます。ご本人は「痛み分け」という発想に妙に納得してしまっているのです。全然「痛み分け」ではないことは、よく考えればわかることです（痛いのは、3割引きの7千円で販売しなければならないお店だけです）。ご本人は「ブランド品って言ったって、セールのときは3割引きくらいやってるじゃない。別に損は出ないでしょ。私は余分に5千円も払うのよ」と、5千円の出費を「痛い痛い」と言い募るとともに、「セールで3割くらい値引くのだから、お店はたいして痛くないでしょう」という、ご本人としては、「鋭いところを突いている」感覚に酔っているのです。

　このお客様は、心底ご自身の申し出を不当要求と思っていません。客観的には不適正な申し出をしているのに、ご本人の主観面では非常に合理的な申し出と確信している場合です（パターンC）。

　このようなお客様の対応が、一番しんどいところです。

　次の図を見てください。この図はクレーマー対策の権威者である

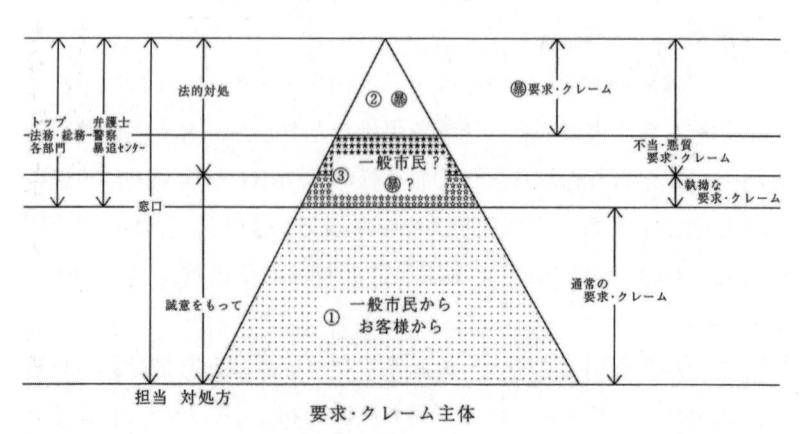

〈不当要求・クレーム対応ピラミッド〉

深澤直之弁護士の作成にかかるものですが、ご本人の了解を得て、同氏の著作「悪魔の呪文『誠意を示せ！』悪質クレーマー撃退の50ポイント」（東京法令出版）から転載させていただきました。

　ピラミッドの頂上部分の三角形は②暴と記載されております。反社会的勢力との関係は一切遮断しなければならないことは、第4章で詳論するとおりです。外部専門機関たる弁護士・警察・暴追センターと連携をとって断固たる姿勢で排除してください。

　すそ野の①は、98～99％の正当なクレーム（パターンA）です。図にあるとおり「誠意をもって」対応してください。

　ピラミッドの真ん中の台形部分③一般市民？暴？という箇所ですが、

　ここにパターンB（客観的に不適正・主観的にも不適正と認識）と、パターンC（客観的に不適正・主観的には適正と認識）が入ります。この真ん中の台形部分の右側にある「不当要求・悪質クレーム」にパターンBが概ね妥当しますので、台形部分の左側にある対処方は「法的対処」となります。

　再度右側を見ると、「執拗な要求・クレーム」にパターンCが概ね妥当します。台形部分の左側にある対処方は「誠意をもって」と区分されています。

　この台形（中央部分）の下半分部分が境界型と位置づけられる部分になります。

第4章　クレーム対応の実際

1　スカーフ事例の再考

　しみがついていたと同額の別の商品との交換や、返金に応じるよう正当なクレームを述べるパターンAのお客様。高額なブランド品との交換を差額支払もせず（迷惑料）ごり押しする、客観的にも主観的にも自らの要求が不適正と認識しているパターンBの悪質クレーマーへの対応は、不当要求・クレーム対応ピラミッドにあるとおり明確です。パターンAのお客様には誠実な対応を、パターンBのお客様の名札をつけた企業を攻撃する者には排除と法的対処です。

　悩ましいのは、先の2千円のスカーフに5千円を追加して「痛み分け」との独自の解釈をするパターンCのお客様（境界型・悪質クレーマーまたはその予備軍）への対応法です。

　パターンBは、お客様の名札をつけていますが、行為態様からすれば反社会的勢力というカテゴリーに入れられてもおかしくないグループです。「要求には応じられません」「無理です」「できないことはできません」「結論はお伝えしたとおりです」「お引取りください」等々の言葉を繰り返すのみです。繰り返しのお願いをしても、無視を決め込んで不当要求を繰り返すのであれば、法的対処を選択することになります（仮処分・告訴等。仮処分については後述）。

　しかし、パターンCのお客様には、「誠意をもって」対応する必要があります。26頁の不当要求対応ピラミッドのとおりです。

　（※この不当要求・クレーム対応ピラミッドの引用を、作図者で

ある深澤直之氏に私が本書への転載をたってお願いしたのは、まさにこのピラミッドの中央部分の台形がさらに二分され、「不当要求・悪質クレーム」(対処方は法的対処)「執拗な要求・クレーム」(対処方は誠意をもって)となっている点が、実務の悩みをきちんと反映しているからなのです。)

　企業によっては、このような場合に「従業員割引」や「キャンペーン割引ハガキ」などを駆使して(従業員でもなくハガキも提示していないが、それらの資格があるものと見なして対応すること)、店長の裁量の範囲内で処理することを認めている企業もあります。それが裁量の範囲内とルール化されているのであれば、お客様対応に割かれる時間等との兼合いで、お客様の「要求を呑む」という選択肢もあるでしょう。

　しかし、そのような対応がルール化されていないのであれば、「申し訳ありませんが、そのような対応はいたしかねます」と、懇切丁寧に説明を重ねる必要があります。パターンCのお客様は、「私おかしなこと言ってる？　そんな無茶なことは言ってないでしょ」と確信しているので、早々に弁護士にバトンタッチといった選択は避けるべきです。「正当な申し出をしている私を、弁護士まで使って黙らせた」と受け止められたら、感情的な反発まで付加され、ますますややこしいことになります。

　しかし、何事にも限度があります。1時間も2時間も「痛み分け」の論理を執拗に繰り返し、声もだんだん大きくなり、他のお客様が振り返ってみるようになれば、いかに主観的に「私はおかしなこと言ってないでしょ」と確信していようとも、その確信にお付き合いすることはできません。「痛み分け」理論の誤りを1時間説明してもわからないのであれば、2時間説明してもわかってもらえるはずがありません。

反社会的勢力への対応法たる「反社会的勢力は、はじめから納得するつもりはないのだから、納得してもらうことを期待してはならない。きちんと説明を尽くしたら、あとは『出来ません』『無理です』という結論を繰り返し、相当程度繰り返したら、それで終わりにする」という理屈が妥当する場面となります。

　反社会的勢力は「納得するつもりが初めからない」のですが、パターンCのお客様は、自己の論理に拘泥あるいは酔いしれ「納得する能力を喪失している」状態です。意図的に納得しないのであれ、納得する能力がないのであれ、結局企業の業務活動に合理性のない妨害を加えているということにおいて変わりはないので、先のピラミッドの真ん中の台形部分の左側の対処方「法的対応」にチェンジするタイミングを検討する必要があります。

　「法的対応」にチェンジするタイミングは、誠意をもって説明を尽くしきり、「ご要望にはお応えできない」という結論も繰り返し伝え、すでに同じやりとりがルーティンに入って４巡目くらいの繰り返しに入った頃が適正です。２回目の繰り返しの段階で、「納得していただける可能性はほとんどない」ということを薄々感じつつの説明となっているでしょうが、「誠意をもっての対応」は、まさに納得していただける可能性はほとんどなくとも、残された可能性に全力投球することにほかなりません。

　ルーティンが何巡目かということは、交渉に際して意識しておく必要があります。ことにパターンCのお客様は、ご自身の論理に酔っている部分がありますので、時間感覚や繰り返しになっていることに気付かないことがままあります。「同じやりとりが４巡しました。私どもは、ご要望にはお応えできない旨繰り返しお伝えしました。さらにお客様に説明の労をとっていただいても、結論は変わりません」と告げてみてください。相手が反社会的勢力であれば、意

図して納得しないことによって、交渉をエンドレスに持ち込むことが狙いなので、4巡したと告げられても、痛くも痒くもありません。わかってやっているからです。

これに対し、パターンＣのお客様は、4巡という指摘を受けて「あらあら私としたことが」と我に返ることもあります。進展のない話を4巡するということは異常なことですから、今の状況が異常であることを気付かせてあげることが大切です。

それでもお引取りいただけないのであれば、業務を妨害する「悪質クレーマー」として対応してください。悪質クレーマーとして対応するということは、「法的対応」にスイッチするということです。ここで、先ほどから「4巡目」をひとつの目安として説明している意味が出てきます。

「法的対応」とは、具体的には仮処分等の民事手続にて苦情申立を法的に抑止することですが、後に詳述するとおり「企業側がここまで誠意を尽くして対応したのに、お客様は無理をおっしゃっているのですね」と、裁判所に感得してもらえるかどうかのおおまかな目安として「4巡目」ということを心に留めておいてください。

2　仮処分の活用

先の「4巡目」という数字は、ある意味アバウトな数字ではありますが、全く根拠のない数字ではありません。というのは、4巡の説明をすれば企業側として、「誠意をもってよく説明を尽くした」と多くの人に認めてもらえるレベルと考えられるからです。この企業として、「よく頑張った」と評価されるだけの対応を粘り強く行ったのに、それでも「納得いかない」と日参するということになれば、民事保全法の仮処分を検討してみる頃合いといえます。

「お客様でも、度が過ぎれば仮処分でストップをかければよいの

です」と講演で申し上げると、講演後「それは知らなかった。お客様に法的手続なんて認められるんですか」といった声をかけられることが意外に数多くあります。

　その方が、名実ともにお客様であれば無理です。しかし、名ばかりのお客様と客観的に評価できるレベルに達すれば、「面会してはならない」「電話してはならない」などの仮処分決定を得ることは可能です。

　以下、申立書式と決定主文例を参考として掲げます。

　なお、どの程度の折衝を行えば、あるいはどの程度の妨害を受ければ決定が出るといったことは、各事案ごとにケースバイケースと申し上げるほかありません。個別事案ごとに弁護士と相談してみてください。「もう我慢の限界だ」と複数人が感じるレベルであれば相談の潮時ではないでしょうか。

●仮処分申立書〈例〉

仮処分命令申立書

平成　　年　　月　　日

○○地方裁判所民事第○部　御中

債権者代理人弁護士
　　　　　○○　○○

当事者の表示　　別紙当事者目録記載のとおり

申立の趣旨

債務者は、債権者に対し、次の行為をしてはならない。
(1) 債権者の役員及び従業員に対し、面会又は電話するなどの方法で、直接交渉を要求する行為
(2) 偽計、威力等の手段を問わず、債権者に対する一切の業務妨害行為

との裁判を求める。

申立の理由

第1　被保全権利
　1　当事者
　　　債権者は、　　　　　　を業とする株式会社であり（甲１）、平穏に事業活動を行う権利を有する（営業権、名誉権及び人格権）。
　　　また、債権者の役員又は従業員は、平穏にその業務を執行する権利を有し（職業遂行の自由、人格権）、また平穏な生活を営む権利を有する。
　　　他方、債務者は、債権者との間で締結した〇〇〇〇契約における契約者であった。
　2　債務者からの度重なる架電等
　　　平成　　年　　月　　日以降の架電の激化
　　　同日より、債務者から、多数回にわたり電話が入るようになり、その都度、債権者の者が、債務者に対し、それぞれ70分以上の長時間にわたって再三再四にわたり応対することが続いた。その電話においては、債務者は、債権者担当者からの説明に一切耳を傾けず、一方的に１時間以上も自己主張を続け、「役員を出せ」といった要求を続けた。
　　　その後も債務者は、債権者に対し、以下のような脅迫的言辞を続けた。
　　　「　　　　　　　　　　」
　　　「　　　　　　　　　　　　　　　　　」
　　　「　　　　　　　　　　　　　　　　　　　　」
　　　債務者は、債権者に対し、記録として残っているものだけでも
　　・平成　　年　　月　　日　4回
　　・同　　　　　月　　日　15回
　　・同　　　　　月　　日　9回
　　・同　　　　　月　　日　8回
　　・同　　　　　月　　日　8回
　　　わずか5日の間に、合計44回、約10時間2分もの時間にわたって架電通話し一方的に話し続けた。
　3　被保全権利のまとめ

要するに、債務者の債権者に対する要求は、「　　　　　」という、採り得ないことが明らかな要求であり、拒絶するのは当然である。
　しかも、債務者は、上記主張を主として行うのではなく、独自の見解に立った独善的な主張を怒気含みの大声で執拗に何度も繰り返すことに、長時間の架電の大部分を割いている。
　債権者は、○○○○としての正当な事業活動を行っているにもかかわらず、多数の部門の従業員が債務者に長時間の架電に対する応対を繰り返し強要され、その事業活動に著しい支障を来たしている。
　よって、債権者は、営業権、名誉権及び人格権を被保全権利として、債務者に対し、これに対する侵害の差止、損害賠償等を求める権利を有している。

第2　保全の必要性
1　債権者は、債務者に対し、本案訴訟を提起すべく現在準備中であるが、本案の勝訴判決があるまで漫然債務者の上記のような違法な架電行為が断続することを放置すれば、日々繰り返される執拗な架電行為により、たとえ債権者が勝訴しても、それまでの間に、債務者により債権者の名誉（社会的評価）を毀損され、債権者従業員の平穏な生活を妨げられることによって、回復し難い莫大な損害を債権者が被ることは明らかである。
2　本件架電行為が実行されることによって被る債権者の不利益が計り知れないのに対し、債務者には、架電によらなくても面談及び書面によって主張する機会が与えられているのであって、本件仮処分決定によって損害を被る余地はない。
3　よって、至急、申立の趣旨記載の命令が発令されなければ、後日、本案訴訟で勝訴を得たとしても、その間繰り返される架電行為により、債権者は日々営業権侵害、職業を遂行する自由の侵害、及び人格権の侵害を受ける状態を甘受し続けなければならない状況にあるので、本申立に及ぶ次第である。

●仮処分決定主文〈例〉

> 決　定　主　文
> 債務者は、債権者の役員及び従業員に対して面会又は電話などの方法で直接交渉を要求する行為並びに偽計、威力等の手段を問わず債権者に対する一切の業務妨害行為をしてはならない。

　なお、先に紹介した、深澤直之弁護士の著作「悪魔の呪文『誠意を示せ！』悪質クレーマー撃退の50ポイント」（東京法令出版）は、クレーマーの24の行為類型から複数の類型に該当するかどうかをチェックして、客観的なクレーマー判定の手法を紹介しています。「居座り」「複数部署へのクレーム」「要求内容が異常値」など具体的な行為類型がまとめられています。

　客観的な行為類型でグルーピングすれば、多くの場合過たずして「クレーマー」と判定できますが、微妙なケースについては、必ず複数で合議して最終的な判定を出してください。場合によっては、弁護士に相談することも有効です。例えば、パターンBとパターンCの境界は非常に流動的です。パターンCの主観的には「何も無茶なことは言ってないでしょ」と思っているお客様が、説明を聞いている間に「あら、私間違ってるかも」と気付いても（実質的にはパターンBへのスイッチです）、言い出した手前引き返せなくなっているといったこともあります。

第5章　正確な事実関係確認の重要性

1　事実関係確認の重要性

　クレーム対応は「外部（お客様）から提供されるリスク情報への適切な対応」であることは繰り返し述べてきたところです。企業のリスク管理の一局面である以上、前提となる事実関係の確認が非常に重要になります。既述のクレーム判別法も、大前提としてきちんとした事実認定が必要になります。

　ところが、企業に十分な事実認定能力があるかといえば疑問です。これを「否認に弱い企業人」と直裁に指摘する弁護士もいます。たしかに「本人が認めていないものを処分なんかできないでしょう」といった話はしばしば耳にするところです。せっかく外部からリスク情報が提供されても、苦情を申し立てられた対象者たる社員が「言ってません。やってません」と述べさえすれば迷宮入り扱いということでは、企業のリスク管理は全くできていないことになります。そればかりか、高いハードルを乗り越えて情報提供してくれたお客様に対する大変な裏切りとなります。

　お客様の申し出が、製品の事故に関するものであれば事実確認は比較的容易です。少なくとも、客観的に申立にかかる事実の存否は明らかになります。もちろん、かような事故発生の原因がもっぱら製品それ自体にあるのか、もっぱら利用者側にあるのかという問題は即断できることではありません。しかしながら、ともかく「事故」という結果は明らかになっているわけですから、問題の焦点は

「原因は何か」というところに絞られます。

　事実確認が難しいクレームは、サービス・接客に関するクレームです。金融機関に寄せられる苦情の中心はこの類型のクレームです。「説明が不十分だった」「失礼な対応があった」といった、客観的に存否を明らかにすることが困難な事象について、お客様のクレームをどのように受け止めるべきでしょうか。

　商品の欠陥に関わる事実確認ですら、十分に行われないことがあるくらいですから（後出の、「商品確認に関する拙速な対応事例」参照）、サービスや接客にかかわる問題で、履歴が残っていない事柄についての苦情申立に関する事実関係の確認は、より一層難しいものとなります。

　事実関係の確認を難しくしてしまう最大の理由は、記録・履歴が残っていないということです。商品であれば、当該商品をきちんと調べれば瑕疵の有無、瑕疵の原因は明らかになることが多いです。しかし、サービス提供や接客の場面を逐一、録画・録音してあるということはまずありません。客観的な記録・履歴が残っていないということは、申立する側において捏造された苦情申立を行うことが可能になるし、逆に事実に依拠した苦情申立が行われた場合に、苦情を申し立てられた側が「知らぬ存ぜぬ」で通すことも可能になります。

　そこで、事実関係確認の技術（スキル）をきちんと習得しないまま、無造作に事実関係を行うと往々にして失敗し、問題をより深化させ最悪の場合には訴訟となることすらあります。このように、サービスや接客にかかわる問題の事実確認は専門性を要するものであり簡単なことではありません。しかし、簡単ではないからといってお客様の言い分を丸呑みすることも、問題を指摘された社員の弁解を丸呑みすることも共にできないことです。困難であっても、適切

●コラム③　商品確認に関する拙速な対応事例

　デジタルカメラ購入後２，３回使用しただけで電源スイッチを押しても起動しなくなってしまったユーザーが、補償期間内としてメーカーに修理に出しました。
　後日メーカーからかかってきた電話は、「このような状態は落とさないかぎりありえません。これは有償修理となります」というものでした。
　もちろん落としたこともなく、外装も新品同様です。ユーザーは「落としてなんかいませんよ。よく調べてください」と返しましたが、「いや、そんなはずはない。ただいまより担当部署を代わりますから」ということになり、総務部の顧客相談セクションが担当になりました。ユーザーは、担当がどこになろうと「落としてもいないし、ぶつけてもいないのに、購入後数回の使用で全く動かなくなった」と繰り返すのみでした。数日後にメーカーからなされた連絡は、「分解して調べたら、製造段階で不具合があった。まことに申し訳ありません」というものでした。
　たしかに落とさないと発生しない状態だったのでしょう。だからこそメーカーは、分解点検もしていない段階でこのユーザーを「有償修理を補償修理で扱わせようとするクレーマー」に位置づけたのでしょう。
　しかし、これは明らかに過剰反応でした。すでに述べたとおり、問題あるクレームはほんの一握りです。たしかに、ほんの一握りのクレーマーとはいえ、対応に要する時間・労力は軽視できるものではなく、決してないがしろにできない事項であることは間違いありません。しかし、正当なクレームを悪質クレーマー扱いしたらそのお客様は二度と帰ってきてくれません。このお客様も、フィルムカメラ時代からこのメーカーのファンでしたが、悪質クレーマー扱いされたことをもって、何十年にもわたるこのメーカーとのお付合いをやめたそうです。

な方法で事実確認を行う必要があります。

2 事実関係確認の手法

これから述べる事実関係確認の手法は、外部からの問題提起たるクレームのみならず、内部からの問題提起たる内部通報における調査においてもそのまま使えるものです。

事実関係確認の手法について解説するにあたって、便宜上用語を統一します。

「苦情申立人」＝苦情を寄せてきたお客様

「苦情申立対象者」＝苦情の対象とされている社員

「第三者（周辺者）」＝苦情申立対象者の上司・同僚・部下

と呼称することとします。

(1) 苦情申立に関する関係者の聞き取りの順序について

苦情申立の関係当事者は大別して3分類できます。①苦情申立人、②苦情申立対象者、③第三者（周囲にいた者等の周辺者）です。商品に対する苦情申告の場合、苦情の対象は「物」ですから、基本的に苦情申立人の話を聞いたうえで「物」の不具合について検討すれば足ります。したがって、ここで検討するのは、企業の役職員のサービス提供ないし接客に関わる苦情申告についての聞き取り順序です。

聞き取りの順序は、①苦情申立人⇒③第三者（周辺者）⇒②苦情申立対象者となります。まず苦情申立人から苦情内容を正確に聴取し、次に客観性を担保できる第三者の聴取を行います。この作業は「外堀を埋める作業」となります。外堀を埋めた後で、最後に本丸ともいえる苦情申立対象者の聴取となります。

苦情申立人と苦情申立対象者の対立した2つの主張だけが聞き取り結果として残り、「さて、困った」ということが実際少なくあり

ません。

そのような事態にならないようにするためにも、苦情申立人と第三者の客観的な情報を元に、苦情申立対象者に対して何をどのように聞くかをよく吟味したうえで、最後に苦情申立対象者から聴取することになります。

(2) 関係当事者聴取に際しての留意点

留意点は2点です。

① 色づけのない客観的事実（5W1H）の聞き取りに徹すること

なお、苦情申立人に関しては、この他に主観的なクレーム感情（被害感情）のレベル感についても併せて聞き取ることが必要になります。

ただし、クレーム感情の聞き取りに先行して、色付けのない客観的事実の聞き取りを行う必要があります。

② 聞き取った内容は必ず記録化すること

ここでいう記録化は、聞き取りの際のメモ書きを指すものではありません。メモ書きは、聞き取った人のみが理解可能なものにすぎません。必ず所定のフォームを作っておいて、それに整理して転記する必要があります。

多くの企業の聞き取りで、5W1Hと苦情申立人が何を求めているのかについての聞き取り漏れが散見されます。この漏れを最小限にするために、苦情申立を受けた際の所定のフォームを参考例として掲載します。なお、苦情申立対象者と第三者（周辺者）のフォームは特に必要ありません。苦情申立人の苦情対応票をベースに質問事項を作成して、それを聞き取ったものをQ&A方式でまとめて、記録化すれば足ります。

第5章　正確な事実関係確認の重要性

苦情対応票〈例〉

苦情受付日時	平成　　年　　月　　日
申立方法	来店・電話・メール・ＦＡＸ・手紙・その他（　　　　）

●苦情申立人関連情報

氏名	（性別）　男性　　女性
住所	連絡先： ＊「こちらに連絡差し上げてよろしいですね」 　と一言確認

●外見情報
　・年齢　　　　　　　・供述態度
　・服装　　　　　　ex　堂々としている
　・その他　　　　　　視線が泳ぐ

●苦情対象者関連情報（ex　販売課長の○○氏）

＊氏名がわからないときは、風貌・髪型・年齢等の周辺情報を聞き取る

●苦情内容
・商品関連（ex　スイッチオンにしても動かない）
・サービス関連（ex　ＡＴＭの割り込み）
・不明（どういう点が不明か詳細に）
　（　　　　　　　　　　　　　　　　　　　　　　　　　　　）

●苦情申立の原因となる事実の発生日時
　　　　年　　月　　日　　時

＊正確に記憶されていない場合は、天候や明るさ（昼間か夕刻か夜間か）等日時の特定に
　役立つ事項を確認すること

●苦情発生の場所

●苦情申告の目的
・交換（やり直し）　弁償
・交換等に加えとにかく怒りをぶつけたい
・交換等は不要だがとにかく怒りをぶつけたい
・当社に一任（かくかくしかじかの問題があったので善処されたし等）
・謝罪要求

・ご提言
・その他（お客様カード等の個人情報抹消等）
（　　　　　　　　　　　　　　　　　　　　　　　）
●クレーム感情
・非常に強い　　・強い　　・さほど強くない
●お客様の申し出の様子
・終始感情的　　・時折感情的になる　　・冷静
●特記事項（ex　土下座しろと言われた。誠意を見せろ。上の者に代われ。）
●苦情原因発生時に周囲にいた者の有無
（ex　お茶出しを若い女性がしてくれた）
有（　　　　　　　　　　　　　　　）　無
●所　見

(3) <u>苦情申立人からの聞き取り</u>に際しての注意点

① 　聞き取りの目的を意識する

・客観的事実確認とクレーム感情のレベル感を知ることが目的
・申告事実の真偽についての判断は次のステップで検討すべきこと
・苦情申立人の供述態度

　まず考えるべきことは、「本当にそんなことがあるのか」と思えるような申告であったとしても、できるだけ先入観を排除して淡々と５Ｗ１Ｈを意識した聞き取りに徹することが重要です。

　申告が真実か捏造されたものかを判断するにはまだ早すぎる段階ゆえ、この時点で聞き取りの態度に色付けがなされると、申立人は「私の言うことを疑ってかかっている」「クレーマーと思っている」等と感じ、「疑っているならもういいです」と言って、そこで申告をやめてしまうかもしれません。申告が事実であったなら、企業は

大切なリスク情報の提供機会を失うことになります。また、疑われていると感じて、余計な力（バイアス）の入った申告になってしまうこともありえます。バイアスがかかれば、情報が歪みかねません。これも、企業にとってもったいない話です。

② 事実の選別と供述態度

聞き取りの目的はひとつです。苦情申立人の往々にして雑多な説明になりがちな（多少なりとも感情的になっていることがままあるから）申告から、5W1Hに即した事実を選別することと（客観的事実）、申告された事実について申立人の抱いている感情（主観面における不快感等のレベル感）を正確に聞き取ることにつきます。

聞き取りに際して、苦情申立人の供述態度も非常に重要です。後に紹介するクレームに関する裁判例でも、苦情申立人の「供述内容の具体性や供述態度」を事実認定の重要なポイントにおいています（58頁）。

(4) <u>苦情申立対象者および第三者（周辺者）の聞き取り</u>に際し共通する注意点

苦情申立対象者も第三者（周辺者）もともに、苦情を申し立てられた企業の役職員です。これらの者への聞き取りに際して重要なのは「身内に甘い対応はしない」ということです。聞き取りの結果、苦情申立が事実であれば、それは企業が我が身を正す良い機会となるわけです。しかし、そこを誤解して「当社の社員に限ってそんな馬鹿なことをするはずがない」「そんな馬鹿なことを本当に行ったのであれば、世間に申し開きが立たない」という意識が強く働き過ぎ、苦情申立にかかる事実を否定する方向の説明だけを唯々諾々と聞き、弾劾的要素を欠く「身内に甘い」聞き取りがなされることは少なくありません。

金融機関では、入社（行）当初からお金の扱いや守秘義務につい

ては、例外なく厳格な指導が課せられています。それでも毎年必ずお客様のお金に手を付けたり、お客様の個人情報の漏洩といった問題が報道されます。「そんな馬鹿な」という受け止め方は極めて危険です。身内に甘いと、せっかく指摘いただいた問題点を俎上に乗せて原因究明と再発防止に取り組めないことになるわけですから、こんなもったいないことはありません。そのようなことにならないためにも、次の①誠実供述の誓約書、②調査目的の趣旨説明を活用してください。

① 誠実供述の誓約書

　この誓約書に盛り込むべきポイントは次の５点です。

　(ア)　誠実供述の誓約
　(イ)　不実供述へのペナルティ告知
　(ウ)　完全否認が最善手とは限らないことの告知
　(エ)　インセンティブ告知
　(オ)　調査の公正性確保（役職員間の通謀阻止）の誓約

　以上をひとつのモデル参考例に盛り込むと次のようになります。

●誠実供述に関する誓約書〈例〉

　本日、私は就業規則○条に基づく調査に応じる義務に基づき調査を受けますが、調査に際して問われたことについては自己の経験と記憶に基づき誠実に真実を述べることを誓約いたします。
　また、本日の私の供述が後に反真実であることが明らかになった場合には、そのこと自体が別途重大な問題として採り上げられることもあることについて説明を受けて理解しました。
　さらに、関係当事者の主張が食い違っても、会社は総合的判断で一定の結論を出すことがあることについて説明を受けて理解しました。

最後に、本日、自分自身の非を自らすすんで申告することがあれば、処分等といった事態が発生したときにそれを有利に斟酌することがありうることについても説明を受けて理解しました（※苦情申立対象者特有の項目ゆえ、第三者聴取の際にはこの項は削除）。
　なお、本日、私が調査対象となった事実ならびに調査内容については、いっさい口外しないことを誓約いたします。

　　　コンプライアンス部部長○○　　　宛

　　　　　　　　　　　　　　　　　　　　　年　月　日
　　　　　　　　　　　　　　　　　　　　　署名

(ｱ)　誠実供述の誓約の意義～緊張感をもった場の設定

　クレーム対応は内部統制そのものです。企業は、クレームによって、企業のリスク情報を外部から提供されたのです。内部統制が機能しなければ企業は瓦解します。したがって、そのリスク情報の調査は厳格・厳密に行われるべきものなのです。そのためには、まずもって調査にあたって苦情申立対象者と調査担当者双方に一定程度の緊張感を持ってもらう必要があります。

　先の誓約書を読み上げて説明し、「理解したのであれば署名してください」と促せば、そこにリスク管理の一環としての調査の重要性と、重要な調査なればこその緊張感について、体得できる環境が生まれます。

　多くの企業で「真実を話してください」といった注意喚起は行っているところですが、実はこの注意喚起だけでは全く不十分です。

(ｲ)　不実供述へのペナルティ告知の意義

　先述のとおり、苦情申立対象者が自己保身を図らんとして、調査開始前に「私は潔白です」と主張し続けることを決意している場合に「真実を話してください」という投げかけだけでは、いったん固まった決意は簡単には揺らぎません。なぜそのような嘘を突き通そ

うとするかというと、嘘がばれないと考えるからです。しかし、目撃者はいないと思っていても、もしかしたら誰かが見聞きしているかもしれないし、場合によっては相手が録音していたかもしれない等の不安をゼロにできる者はいません。虚偽供述が判明したときには、別途重大な問題となりうることについての警告をしておけば、「後でばれたら御免なさい」ではすまなくなるので、正直に申告したほうが得策かもしれないということを考え始めることになるのです。

　第三者（周辺者）に対しても、この警告は意味があります。苦情申立対象者と仲が良い等で、余計な気を利かせて虚偽供述をしたり、逆に平素から苦情申立対象者を快く思っていなかった者が苦情申立対象者を追い落とす好機到来と虚偽供述をするなどしたため、不必要な混乱を生じさせたという実例も少なからずあるので、虚偽供述のペナルティについては警告しておくべきです。

(ウ)　完全否認が最善手とは限らないことの告知の意義

　少なくとも、自らが認めない限り、企業側は苦情申立を「あり」と認定できないとたかをくくっている苦情申立対象者は確実にいます。

　しかし、現実にそのようなことにならないことは裁判を想起すれば明らかです。

　裁判では、両当事者の言い分が真っ向から対立したときでも、いずれかの言い分を真実と認定することはしばしばあります（58頁参照）。本人が認めなくとも合理的な根拠に基づき客観的に事実認定することは可能です。したがって、苦情申立対象者が事実の存在を認めなくとも、企業側で事実の存在を認めることがあることを告知しておく必要があります。このように、いたずらに否認すれば免責されるといった誤解を解いておくことによって、「否認し続けれ

ばなんとかなる」という勘違いを払拭し、否認するだけが選択肢ではないことを気付かせることができます。

㈜　インセンティブ告知の意義（ただし、第三者についてはこの箇所を削除する）

　この告知は、端的に誠実供述を促すインセンティブとして機能するものです。連邦量刑ガイドラインにおいても採用された「飴と鞭」の「飴」に相当するものです（言うまでもなく、先述の「後に虚偽供述が判明した場合のペナルティ」は「鞭」となります）。

㈹　調査の公正性確保（役職員間の通謀阻止）の誓約の意義

　この誓約は、苦情申立対象者と第三者（周辺者）の通謀を阻止するためのものです。この誓約をとっておかないと、苦情申立対象者は、調査終了後アリバイ作りを開始する可能性が相当程度あります。同様に第三者（周辺者）からも、この点について誓約をとっておかないと、第三者から苦情申立対象者に「いやぁ〜大変なことになっちゃたねえ。俺が何も問題なかったと言ってあげるよ」などと働きかけることを阻止できません。

　このようなアリバイ作りは、コンプライアンスが企業風土として浸透している企業であれば起こりにくいものですが（そのようなアリバイ作りの要請をされたこと自体が内部通報されることになり、調査妨害として処分対象となるから）、そのような企業は、まだまだ少ないのが実情です。

②　調査目的の趣旨説明

　①の誠実供述の誓約書は、いわば形式面から苦情申立対象者に訴える手法ですが、「なぜ、このような調査を行っているのか」について正面から趣旨説明を行うことは、固い決意をもって否認を貫こうとしている苦情申立対象者に直截に響く重要な手法です。

　ポイントは次の4点です。

(ｱ) 会社はお客様、従業員、株主、取引先等多くの人たちに責任ある経営を行わなければならない

(ｲ) 問題があれば、原因を究明して再発を防止しなければならない

(ｳ) このような自浄作用を果たしていくためのスタートが調査の意義

(ｴ) このようなヴィジョンをもった経営陣と会社の方針を理解しているのであれば、原因究明の第一歩となる事実関係についてありのままに話すことが最善である

といった点を説明する必要があります。この説明は調査担当者の想いが伝わるかどうかが決め手となります。

以上の趣旨説明と誓約書によって、否認を通した者は、少なくとも私の経験ではいません。対立とか威圧ではなく、共感という共通の土俵を作り、さらに誓約書で量刑ガイドライン的な「飴と鞭」について考えるやり方です

(5) <u>第三者（周辺者）からの聞き取り</u>に際しての注意点

① 聞き取りの目的をはっきりさせる

第三者からの聞き取りの目的は、苦情申立人の申告事実の裏付けとなる事実を得ること（場合によって、裏付けとなる事実がない申告であることが明らかとなることもあります）が一番の目的です。

大切なことは、申告事実を固めることや、逆に打ち消すことなどを一切考慮してはならないということです。聞き取り段階では、あくまで「事実」の確認に徹する必要があります。

② 会社側の守秘を説明する

第三者（周辺者）は、いろいろ見聞きしているが、自分が話すことで苦情申立対象者の会社人生にどれだけの波風が立つかわからないので、それを懸念して口をつぐもうとすることがあります。

大切なことは、聞き取った内容についての守秘とあらゆる意味での報復からガードすることを約束することです。ガードは実際にガードマンを付けるわけではありません。苦情申立対象者に対する釘刺しです。苦情申立対象者に対して、「会社のことを考えて、勇気を持って声をあげてくれた仲間を逆恨みするようなことがあれば、会社は絶対に許さない」と、釘を刺しておく必要があります。

苦情申立対象者に対して「きちんと釘刺しすること」を聴取対象者となる第三者（周辺者）に説明することによって、第三者ははじめて安心して調査に応じることができるのです。

以上のことに加え、より重要なのは、「守るべきは何か」について正確な理解をしてもらうことです。「私を取り立ててくれた上司」「共に汗を流した同僚」「入社以来可愛がってきた後輩」は、たしかに大切な存在です。しかし、より大切な人たちがたくさんいます。ステークホルダーといわれる、お客様、従業員、株主、取引先等の多くのステークホルダーに対して、自分たちが責任ある経営を遂行していかなければならないことを調査対象者に伝える必要があります。

第6章 事実関係の確認に失敗した対応事例

1 苦情申立対象者の「否認」を鵜呑みにした失敗例

　事実関係の確認に失敗し、苦情申立対象者（自動車会社の販売課長）の言い分を鵜呑みにしたばかりか、「苦情申立人（女性顧客）が『以前同業他社の社長にも謝らせたことがある』と言っていた」などと、むしろ苦情申立人（女性顧客）に問題があるかのような苦情申立対象者（販売課長）の答弁まで、会社のみならず顧問弁護士までもが鵜呑みにして、その言い分をそのまま苦情申立人（女性顧客）に伝えてしまった事案があります。

　この事案は結局、裁判所によって「事実関係の確認」を誤っていたことを明らかにされ、そればかりか「（本件を）法律上は問題ないからとして放置すれば、男性課長、ひいてはその雇用主である自動車会社の社会的評価が下がる等の不利益が生じるという形で償われていくものであると思料する」と非常に厳しい指摘を浴びせられるに至りました。

　クレーム申立に際しての事実関係の確認の重要性を認識せず、かつまたコンプライアンスについて「違法でなければそれでＯＫ」という、時代遅れの感覚を持つことのリスクが顕在化した事案といえます。「会社が違法なことをやっていなければ、会社はクレームを無視してよいのか」という問いを考える貴重な資料でもあります。そこで、まず判決の骨子を掲載することとします。なお、この事件は、筆者が苦情申立人（女性顧客）の代理人として取り扱った事件

です。

2 事件発生に至る経緯（※は筆者所見、それ以外はすべて判決文の引用）

【平成18年11月18日】

　女性顧客（以下「原告女性」といいます）が自動車メーカーのショールームを訪問

　販売担当課長（以下「被告課長」といいます。※なお事件発生後「店長」に昇格しています）より複数の車の説明を受けたが、セールスポイントがよくわからないので、「それぞれの車の売り（セールスポイント）はなんですか」と質問したところ、「何もないです。僕を売りたいくらいです。初めて声を聞いたときからいいと思いました。子供さんがいなければ誘いたいくらいです。」と被告課長が言った。

　自動車の商談中に、そのような言葉を受けようとは考えてもいなかったため、原告女性は恐怖感と嫌悪感から強いショックを受けた。

　被告課長が原告女性に試乗を勧めたが、被告課長に対する強い恐怖感、嫌悪感からこれを断った。被告課長が、来週はどうかと提案したものの、原告女性は再度これを断った。そこで被告課長は、「じゃあ、次のデートは2週間後に」と述べた。

　同日午後6時40分ころ、仕事の関係で知っていた原告代理人に連絡し、事実関係の確認を受けた。

（※原告女性は、退店後、車を運転中に様子のおかしさに気付いた当時9歳の息子から、「僕があの車屋さんに行こうと言ったから、ママが嫌な気持ちになったんでしょ。ごめんなさい。さっきのあの男でしょ。あの人に何か言われたの？　僕がずっと傍にいればよかったのにごめんなさい」と謝罪を受けたので、泣き崩れ、気持ちの

整理がつかず筆者に連絡をしてきたものです。
　また住所等をカードに書いたので、個人情報を被告課長に知られたことにも不安を感じていました。）
【平成18年11月19日】
原告代理人は、再度原告女性に事実関係の確認の電話をした。
【平成18年11月20日】
　原告代理人は、被告会社に対し、本件について述べ、被告会社が保有する原告女性の個人情報の抹消等、その対応方法等について照会した。
【平成18年11月22日】
　被告会社は、原告代理人に対し、「<u>被告課長が当該事実はないと述べている。ただし、原告女性が不快に感じたのならば謝罪する。</u>原告の個人情報等は抹消する」などと回答した。
【平成18年11月24日】
　原告代理人は、24日付書面（26日到達）により、弁護士に相談するなどして、対応方を再考するよう促した。しかし、<u>被告会社からは10日経過後も回答はなかった。</u>
【平成18年12月6日】
　原告代理人は被告会社に対して、原告女性の精神状態等を説明した上で、さらに然るべき対応方をされたい旨申し述べた。被告会社は、弁護士を交えて対応する旨回答した。
（※筆者は、原告女性に「被告会社に弁護士がついたらもう大丈夫ですよ。この種事案は必ず否認するけど、弁護士相手にウソは突き通せません。」と報告しました。しかし、被告会社の弁護士が、何ひとつウソを見破れなかったことは判決のとおりです。）
【平成18年12月11日】
　原告代理人は、被告会社の担当者が、原告代理人同席のもとで原

告女性から事情を聴取することなどを記した提案文書を、被告会社に発信した。

(※筆者が21日にショールーム所在地の地方都市でコンプライアンス研修を行うので、その機会を利用した提案です。なお発信した翌々日の13日に被告代理人より回答書が届いたため、被告会社担当者宛訪問については即時撤回しています。)

【平成18年12月13日】

　被告代理人の12日付回答書到達。<u>被告課長の言動を全て否定し（問題発言はないとし）、加えて原告女性が当時乗っていた他の自動車会社（A社）の社長がエンジントラブルに関して謝罪に来たと原告女性が述べていたこと</u>などが記してあった。

　<u>なお「社長が謝罪に来た」と原告女性が話したとの事実については、本人尋問の結果等に照らし、それを認めるに足る証拠はない。</u>

(※同日、先の11日付けの原告女性との面談提案を記した文書を読んだ被告代理人から、被告会社は対応できないし、被告代理人も法廷があるので立ち会えないというファックスが届いています。)

　また、訴訟前の話し合いについても被告代理人は応じる考えはない旨回答した。このため、原告は訴訟による解決を決意した。

3　訴訟提起の決断

　原告女性は、被告代理人の回答書中で被告課長から受けた発言を全否定され、さらに原告女性が話してもいない、原告女性が当時乗っていた車のメーカーの社長がトラブルに関し謝罪に来たという作り話まで書かれていたこと、さらには被告代理人の回答書が法律の専門家でもない原告女性から見てもあまりに不自然な点が多々あり、被告課長の発言とその後の被告会社の対応により男性恐怖症や不眠等になり心療内科に通院（診断は「不安障害」）するまでにな

ったため、事実関係を明らかにするために訴訟を提起することになりました。

4　1円訴訟

原告女性は原告代理人に対して、「私が被告課長からひどいことを言われたことを、裁判所で明らかにできませんか」と問いましたが、そのような事実関係の確認を行う訴訟は民事訴訟法上無理なので、形式としては損害賠償請求訴訟となることを説明しました。原告女性は「損害額は1円でいい」と述べましたが、事実関係を明らかにするためには証人尋問を要する事案なので、簡易裁判所ではなく地方裁判所の管轄となる賠償額を訴額としました。

原告代理人は、被告会社の対応も被告課長の対応も最悪で企業に求められる社会的要請に真っ向から反するものであること。さりながら1回の被告課長の発言で賠償まで認められないこともありうること。しかし判決理由のなかで、「事実関係」についてはっきりさせることを最大限努力することを約束しました。

5　疑問符だらけの被告代理人回答書

なお、裁判が始まってから被告会社から提出された証拠を見てわかったことですが、被告代理人回答書は、被告課長が会社宛に提出した「ご来店時対応状況」という説明書をほぼ引き写したものでした。ご来店時対応状況の記述と被告代理人作成の回答書の、被告課長の言動に関わる記述の同一箇所を赤のラインマーカーで塗り潰すと、被告代理人作成の回答書の被告課長の言動に関する記述部分は真っ赤になりました。被告課長作成のご来店時対応状況に記載されている事項以外の、例えば被告代理人独自の調査結果が記載された箇所は驚くなかれゼロでした。原告女性が「法律の専門家でもない

私でも、気がつく明らかにおかしな点がたくさんある」と指摘したのは当然のことだったのです。

6 陳述書に記されなかった被告代理人の調査および調査結果

　裁判では、証拠として、被告課長の「陳述書」等計4通の被告課長作成の弁明、および部長代理の「陳述書」2通、「補足説明書」2通が提出されましたが、そのなかに「顧問弁護士から調査を受けた結果、被告課長の説明に誤りはないと顧問弁護士は判断した」といったくだりはいっさい出ておりません。

　これは、非常に不思議なことです。真実、弁護士の調査を受け、弁護士が「あなたはそのような失礼な発言は行っていない」と認定したのであれば、「私は顧問弁護士の調査を受けました。その結果、顧問弁護士も私はそのような発言は行っていないと結論付けました。」と述べるはずです。しかしながら、それについて被告課長と部長代理の陳述書に何も触れられていないのです。

　この不思議な点について、口頭弁論期日に顧問弁護士である被告代理人に対して、「被告課長についてシロ（問題発言はない）と認定したのか？」「シロと認定したのであれば、なぜそれが被告課長らの陳述書に記載されていないのか？」について質問してみました（この質問と、それに対する回答は重要なものになると予想されたので裁判所に調書に残すよう要請し、裁判所もその点は「興味深い」としてこれを容れました）。裁判所の調書の「被告代理人の発言」の記載は次のとおりです。

　「被告課長からの2回にわたる事情聴取の結果、同人に原告女性がいうような発言はないと判断した。前記部長代理および被告課長は、被告代理人の事情聴取の結果については陳述書に書く必要性がないと考えて書かなかったのだろうと考えられる。<u>なお、弁護士の</u>

判断を陳述書に書く必要性は通常ない。」

　また、その前提となる「そもそも被告課長の聴取は行われたのか？　行われたとして、その経緯が陳述書に記載されていないのはなぜか」という、問いに対する被告代理人の調書の記載は次のとおりです。

　「事情聴取を実施している。被告課長および部長代理は、陳述書において、被告ら代理人による被告課長の事情聴取日について書く必要性を認めなかったので書かなかったものと推測される。被告ら代理人が作成したものではないから、それ以上は答えようがない。」

　もはや、コメントを要しない調書といえるでしょう。

7　遮蔽措置をとった証人尋問

　証人尋問は、裁判所が原告女性の精神状態に配慮してくれ、裁判所から遮蔽措置について打診があり、その結果、原告女性の立つ証言台と傍聴席の間にずらりと衝立を立てるという措置がとられました。被告課長と顔を合わせでもしたら、原告女性は精神的にとうてい持ちこたえられないからです。裁判所について、冷たい機関という印象を持っている方もいるかもしれませんが、本件に限らず、総じて血の通った対応がなされているというのが私の印象です。

　なお、証人尋問終了後、私が、東京に待機していた弁護団のひとりに電話をかけた第一声は「大炎上」というものでした。

　被告会社は「社長自ら調査を行った」と主張するので、被告課長に「社長からどんなことを聞かれましたか」と私は尋問しました。答えは「……（無言）」です。被告課長は、社長や役員に質問された部屋を出て合議結果を別室で待機していたそうです。「（合議の結論は）誰に聞いたの。」「覚えていない。」「あなたは会議の当事者でしょ。結論を覚えていないの。」「……（無言）」「結論は誰に伝えら

れたかも覚えてないの」「……（無言）」「本当にこの（調査）会議あったの」「ありました。」

　会議は開催されども内容は何も覚えていないというのです。社長に質問されて、別室待機で結果待ちとなれば、結果が気になって仕方がないはずです。しかし「結果」も「結果を伝えに来た人」についても「……（無言）」。まさに「大炎上」でした。

8　裁判所からの電話

　証人尋問後しばらくした頃、裁判所から「○○円を支払うことで和解できないか。発言の有無についてはいっさい触れないことを条件に被告側はＯＫと言っている」と連絡がありました。「原告女性は賠償額など１円でもいいと言っています。会社の問題を勇気を出して指摘したのに、逆に虚偽申立者扱いされたことに人間としての尊厳を傷つけられたのです。他の自動車メーカーの社長に謝罪に来させたなどという、言ってもいないことを言ったと被告の弁護士に言われ怒りに震えているのです。私との証人尋問準備のときも、精神的に不安定になって何度も泣き崩れているのです。被告らと被告の弁護士への怒りをバネに裁判も頑張ってきたのです。事実関係に触れないで、お金で解決など原告女性は露ほども考えていません。ご提案はありがたいですが、以上の次第でお受けできません。」これが回答です。

9　判決言い渡し

　平成19年12月27日、判決が言い渡されました。
　裁判官は「原告の請求を棄却する。訴訟費用は原告の負担とする。内容について一言いっておきます。被告課長の発言はあった。被告課長の発言はあったというのが裁判所の判断です」と告げまし

た。別室で待機していた原告女性にそのまま伝えました。「被告課長の発言はあったというのが裁判所の判断です。」ここで、原告女性は満面の笑みをたたえてガッツポーズをとりました。

　さて、原告女性がガッツポーズをとった裁判所の判断は次のとおりです。

10　判決〜裁判所の判断

　裁判所は、原告女性が被告課長から受けた発言について「主要な部分において原告の記憶は十分信憑性のあるものと認める」「原告女性と被告課長は本件以前に一切接触はなく、原告女性が被告課長について、怨恨等事実に反し不利益な訴えをする事情は存在しない」「原告女性の本人尋問における同人の供述内容の具体性や供述態度に照らし、原告女性の主張するような文言を一字一句違わず被告課長が言ったとまでは認められないものの、被告課長は原告女性がほぼ主張するとおりの言葉を発した」と認めました。

　さらに、この被告課長の言動につき、「そのときの態度や仕草等によるものの、真に性的な誘いかけの意図を持つものと受け取られてもやむを得ないものである。そして、これが、通常のセールスの場において積極的な効果を上げるものとは到底認められないだけでなく、性的な誘いかけに強い恐怖感、嫌悪感を抱く者が少なからずいることも公知の事実であって、そのことに想いを致せば、言わずもがなであることは明白である。さらに、原告女性が既婚者であり、そのような者に上記のような言動をすることが、倫理上の問題をより大きくすることもいうまでもない。本件の被告課長の言動は、顧客の側でこれを冗談やお世辞の類として受け流し問題にならないことがままあるとしても、危険が大きく、非難に値するといわざるを得ない。」としました。

ただし、判決の結論自体は、「顧客と店員の関係であり、被告課長が何らかの利益誘導ないし不利益を押しつけることにより、原告女性の自由な意思決定を阻害できる立場に（被告課長は）なかった。」「性的な誘いかけと取られかねない言動は『僕を売りたいくらいです、初めて声を聞いたときからいいと思いました。子供さんがいなければ誘いたいくらいです。』、『じゃあ、次のデートは２週間後に』の２つのみである。」「原告女性と被告課長がいた本件応接室は密室ではなく、開放的な場所であり、被告課長の言動は他の店員や来客から覚知されやすい状態にあった。」「これらの事情に加え、一般的には、性的な誘いかけをすること自体が当然に違法となるとまではいえないことをも考慮すると、被告課長の前記認定に係る言動は、民法上の不法行為と評価されるほどの違法性はないと認める。これは、原告女性が現に強いショックを受けていること、原告女性が既婚者でありこれに対し性的な誘いかけをすることはその配偶者との関係で不法行為となりかねないこと、等の反対事情を考慮しても左右されない。」として被告課長の不法行為責任を認めませんでした。

　もし、この判決文がここで終わっていれば、ここで紹介する意味は半減します。「民法上の不法行為と評価されるほどの違法性はないと認める。」という法律へのあてはめが完了した以上、コンプライアンスを単なる「法令遵守」と捉えるならば、コンプライアンス違反はこの自動車会社には存在しないということになります（ちなみに被告課長のみならず、自動車会社も使用者責任を問われ被告となっています）。

　司法権の定義は「法律上の具体的な争訟に法を適用して、これを解決する国家作用」と定義されます。法の適用が終われば、司法は役割を終えたはずです。ところが、裁判所は、先に引用した判決文

に続けて、被告課長とその雇用主である会社に次のように非常に辛辣なコメントを投げかけています。

「付言すると、被告課長の上記言動への非難は、それを法律上は問題ないからとして放置すれば、被告課長、ひいてはその雇用主である自動車会社の社会的評価が下がる等の不利益が生じるという形で償われていくものであると思料する。」

裁判所は、法律上は問題ないとしながら、これを放置するならば会社の社会的評価は下がると述べているのです。

この判決文の述べていることは非常に示唆的です。裁判所は、企業の社会的責任、あるいは企業の社会の要請に適合した行動選択について、相当程度意識していることをうかがわせます。すなわち『違法でないからといって、万事ＯＫというわけではないよ。社会の評価（要請といってもよいでしょう）についても十分留意しなさい。違法ではなくともあなたたちのやっていることは社会的評価が下がるに値することだよ。』と述べているわけです。司法も単なる法のあてはめに留まらず、企業の社会的責任を十分意識した判断を行っていると考えられます。

ちなみに、報道の現場でも、非難の対象とされるのは「法令違反」に留まりません。一度お客様に供した料理を、いったん下げた後で盛り直すなどして、別のお客様に供した事件の新聞報道の見出しは「止めない違法行為の発覚」ではありませんでした。食品衛生法には料理の使い廻しを禁じた規程はないので、たしかに「違法行為」はないのでしょう。新聞報道の見出しは「止めない不適切行為の発覚」でした。適切か不適切は、何を基準に判断するのでしょうか。法令ではありません。まさに企業のおかれた社会的責任や、社会的に何を要請されるかという観点から演繹されるものです。

第7章　失敗事例から学ぶこと

1　事実関係確認の重要性を再認識する

　第6章で紹介しました事例（以下、本件）では、クレーム対応の基本となる事実関係の確認で失敗しています。しかも、苦情申立人、周辺者、苦情申立対象者の関係者すべての聴取に失敗しているという、事実関係確認の重要性を知る上で最良の反面教師事案となっています。

(1)　苦情申立人聴取の失敗

　本件で、原告女性は直接被告会社に話を聞いてもらいたいとリクエストしていました。絶好の機会が相手からもたらされたのです。しかし、この機会は全く活かされませんでした。判決文のなかでも、「<u>原告女性の本人尋問における同人の供述内容の具体性や供述態度</u>」が、原告女性の苦情申立が真実であったとする判断の中核となっています。苦情申立の態度それ自体がとても重要なポイントとなることを教えるものです。

(2)　第三者（周辺者）聴取の失敗

　もうひとつの致命的な誤りは、被告会社ショールームのスタッフへの聴取前に被告課長の聴取を行っていることです。また、スタッフへの聴取といっても、弁護士ではなく店長が7名のスタッフについてノート1枚半のメモ書きを作っただけのものです。聴取漏れのスタッフもいます。苦情申立に関する関係者の聞き取り順序（第5章）の失敗です。

(3) 苦情申立対象者聴取の失敗

　被告課長の証言によれば、一番最初の調査は店長らから30分間受けたそうです。「繰り返し繰り返し本当に言ってないのか」と聞かれたそうです。

　「今日は『絶対言ってない』で踏ん張るぞ」と覚悟を決めているかもしれない人に、「本当にやってないのか」という質問を最初にぶつけるのは、最悪です。この質問には「はい。絶対やっていません」以外の答えはないのです。繰り返し質問すれば、それを固めるだけです。どんどん引き返せなくなります。もちろん、事前の趣旨説明も誓約書もありません。一番最初につまずいてしまったのです。

2　隠蔽体質のリスクを再認識する

　クレーム対応を内部統制の問題と認識していれば、リスク情報提供者たる苦情申立人の聴取のチャンスが到来すれば、企業自ら聴取したいと考えるのが素直な発想です。おそらく、本人聴取を拒否したこの判断は、内部統制の一環である企業防衛についての誤った認識に由来するものです。

　誤った認識とは、「お客様から社員の問題を指摘された。破廉恥な内容だ。本人も否認している。証拠もない。『問題ない』で逃げ切ろう」という認識です。すなわち「マイナス情報」を吸収して自浄に結びつける発想ではなく、「マイナス情報は隠せるものは隠してしまおう。認めないですませられるなら認めないでおこう」という発想です。

　昨今、非常に問題とされる隠蔽体質にほかなりません。「マイナス情報」はすなわち「リスク情報」の提供であり、そのリスクに適切に対応することが内部統制に他ならないのに、全く逆方向に向か

っています。

　皮膚感覚で「マイナス情報」「リスク情報」が、快い情報か不快な情報かといえば誰だって不快に決まっているのです。「営業成績が前年同期を10％アップ」などという情報は、誰にとっても「快」です。しかしリスク管理という観点からは、「不快な情報」にどのように対応し、適切なリスクコントロールを行うかを考えるべきです。「不快な情報」が嫌ならば、「不快な情報」が発生する原因を究明して改善するほうが、よほど抜本的な解決といえます。蓋をする方法だけはなんとしても避けるべきです。

3　対応すべきクレームの範囲を再確認する

　クレーム対応は内部統制の一環です。内部統制の中核となるのはリスク管理です。リスクは財務リスク、災害リスク、風評リスク等様々なものがありますが、企業がもっともリスクコントロールに神経を使うべきは、コンプライアンス違反によるリスクです。

　コンプライアンスについて、「法令遵守」と極めて狭く捉える考え方は、もはや過去のものですが、それでもなお取締役会の現場において「君、それは違法なの？」という質問はよく出る質問とのことです。この質問自体は不適切な質問ではありません。合法・違法という線引きは非常に重要なところです。問題は違法でないとして、直ちにＯＫかどうかという点です。

　本件でも、訴訟になっても負けないという意識が強く働いたかもしれません。立証責任は「極めて異常な誘いかけを受けた」と苦情を申し立てた側にあるからです。

　仮にそのような発想があったとすれば、このような発想は誤りです。そもそも今日、コンプライアンスを「法令遵守」と最狭義の理解をしている企業はおそらくないでしょう。法令違反がなければそ

れでOKという発想は過去のものです（厳密には、過去においてもコンプライアンス黎明期のごく一時的な考え方にすぎません）。

　裁判所は、勝訴した自動車会社に「法律上は問題ないからとして放置すれば会社の社会的評価が下がる等の不利益が生じる」とまで述べています。企業は外部からのリスク情報提供たるクレームを受けて、社会の要請に適合した企業のあり方として、どのように対応すべきかという視点で対応方針を決するべきです。

4　クレーム対応の失敗の波及効果を再認識する

(1)　苦情申立人への波及効果

　本件でクレーマー扱いされた苦情申立人たる原告女性は、敗訴したものの、もともと賠償金が欲しかったわけではなく、とても怖い経験をしたのに捏造申告をしたかのように扱われたことについての名誉感情の回復と、同種の被害の発生防止を希望していたわけですから、完全に獲得目標を達成しました。その夜は祝勝会を家族と開き即日控訴しないことを決めました。また、原告女性は訴訟中の遮蔽措置を含めた裁判所の心ある対応、判決中の被告課長の発言の認定および発言に対する峻厳なる評価、加えて判決中の「付言」に心から感動し、この判決以降メンタル面の不調は急速に回復し、ほどなく通院も投薬も必要のない状態にまで回復しました。

　原告女性は、幸い司法手続のなかでクレーマー扱いの不名誉を挽回し健康も回復しました。しかし、企業が苦情申立人を短絡的にクレーマー扱いする傾向が増加するなかで、知らぬまに正当な苦言を悪質クレームにすることで嫌な思いを与えること、場合によっては、健康被害まで与えているかもしれないことについて常に想いをいたすべきです。多くの被害者は、弁護士へのアクセスも費用負担もできず泣き寝入りしているのです。

(2) お客様をクレーマー扱いした苦情申立対象者への波及効果

　被告課長は、訴訟中「言い掛かりで訴訟まで起こされて、逆に不当訴訟で訴えたいところだ」とまで述べましたが、実は、会社にも弁護士にも嘘をついていたわけです。原告女性への異常な発言のほかに会社に虚偽報告をしたことをもって、それについても処分が重なり、併せて重い処分になっていたらそれはそれで気の毒なことです。

　誰もが失策を隠したいと考えます。それを「そうじゃないよ。最善手は非を非と認めて改善することだよ」ということを会社や弁護士が教えてあげる。あるいは、訴訟になる前にきちんとした調査をしていれば、この問題発言について責任を取ればすんだのです。

(3) 企業自体への波及効果

　勝訴とはいえ、被告会社らは先の付言を付されており、また被告課長の発言もあったと認定され、かつ裁判所からその発言を厳しく非難されたのですから、とても喜んではいられません。会社と被告課長が公開できるのは判決主文のみ。判決理由はけっして公開できない代物です。

　しかしこの会社が、この判決で負った十字架はこれに留まるものではありません。以下、5、6で敷衍（ふえん）して説明することとします。

5　弁護士の関与をもって企業は免責されないことを再認識する

　裁判所は専門家である弁護士（筆者）が聞き取りをしている点を重視しています。もちろん、弁護士が聞けば何でもいいというものではありません。現に私は2回電話で聞き取りをしただけですが、被告代理人は被告課長を2回事務所に呼んで調査をしたと主張しているのに、被告代理人の2度にわたる調査について裁判所はいっさい触れていません。

ちなみに私が日を分けて2回聴取したのはテストの意味もあります。つまり、初日と2日めで説明にブレが出たり、矛盾が生じるようであれば、とても代理人として企業に対して苦情申告などできません。悪質クレーマーの片棒をかつぐことにでもなれば大変な問題になるからです。苦情申告を行う側の代理人はそのくらいの慎重さが要求されます。

　他方で、苦情申告を受けた企業側の弁護士は、クレーム対応が企業への外部からのリスク情報提供であることを認識してベストプラクティスを尽くすべきでした。本当に被害があったのか、被害の程度はどの程度のものか。被害を発生させた原因はどこにあったのかといった点を意識して、全ステークホルダーにきちんと説明責任を果たしうる企業の対応を立案する余地はあったはずです。このことは、クレーム対応を内部統制の問題と認識せず、企業に対する攻撃以外の何ものでもないと誤解し、ひたすら対立構造のなかで企業防衛を図るという戦略しか持ち合わせていなかったことを意味します。

　しかし、企業の自己責任は、大和銀行株主代表訴訟判決(注)を軸に180度転換しました。「監督官庁に何を言われたか」などということは全く意味のない抗弁となりました。企業は「顧問弁護士がこういった」といって免責される時代ではないのです。この調査で十分だろうか？　苦情申立対象者の弁明書をそのまま引き写した回答書を苦情申立人に返してよいのだろうか？　もしも疑問に感じたのであれば、「もの言うクライアント」になるべきです。弁護士が何を言おうと、すべからく経営判断の責任は経営者に課せられるからです。

（注）　本判決は複数の論点を内包するが、ここでは米国当局への不届出

という米国の法令違反に関し、事前に大蔵省に報告した際、当時の大蔵省銀行局長の、(この時期の届出は)「最悪のタイミング」との発言を受けて、不届出とした点について「期待可能性がなかった」という役員らの主張が採用されなかった点について着目されたい。

6　クレーム対応の失敗が、企業に対する重大な法的・社会的責任に発展する可能性があることを再認識する

　本件は上場企業における子会社の事件です。
　当初、F県の会社は支店だと考えていたため、本事件の第一報は本社のお客様相談センターに入りました。その結果「別会社となっているので、まずはF県の会社宛に直接連絡してください」ということになったという経緯があり、本社も本件は把握しています。しかし、F県の子会社から単に「勝訴です」といった連絡しか入っていない可能性もあるので、東京の本社にも判決の詳細をお知らせしました。<u>子会社も含めた業務の適正を確保するための内部統制を整備する義務が、本社の役員らにも課されているので、「知らなかった」では済まされなくなる可能性があるからです。</u>
　たとえば、先の企業で再び女性が絡んだハラスメント事件が将来的に発生したとしましょう。マスコミ報道もされ株価下落の原因となったとき、その際、すでに平成19年12月に裁判所に「本件を放置すれば社会的評価が下がる」と指摘されていたことが判明したとします。そして、なんらの策も講じられていなかったら、それが株主代表訴訟にどういう影響を与えるかは説明するまでもないでしょう。この判決が下されて数年内に同種事案が発生したとき、裁判所の「放置すること＝不作為」への警告をもし無視するならば、その代償はけっして小さくないということは明らかです。
　本件は、発端は軽はずみな子会社の一社員の発言に始まった事件

です。その発言に対するクレームを企業に対する攻撃と短絡した対応が問題を司法の場に移しました。その結果、裁判所の厳しい認定と厳しい課題が世に出ました。この課題の厳しさは、「放置すると会社の社会的評価が下がる」と不作為の不利益だけ示唆して、具体的に何をしなさいと述べていない点にあります。

　企業が自己責任で何をすべきかを考えないといけないのです。十分と考えた対応が、後に不十分と認定されることすらあるのです。当面誰も答えを教えてくれません。ここが、つらいところです。後年、同種の問題が発生したとき今回の問題について放置したこと、あるいは放置しないまでもその対応が不十分であれば、役員らは責任を問われることがあるのです。

　そのときに答えが初めてわかるのです。その対応で十分だったと評価されれば免責されます。不十分であれば重い責任（役員の責任、企業の存続リスク等）が発生することになるでしょう。クレーム対応が内部統制の問題である以上、これは当然のことです。

　この会社がこの判決で負った十字架はこれに留まるものではないと、先に述べたのはこういうことです。

（注）なお、本社監査役代理人から、当該自動車会社において有効な再発防止策が講じられたことを、監査役において確認済みである旨の連絡が、本書の校正中にありましたことを付記します。

第8章　クレーム対応のマインド

1　クレーム対応の基本は誠実性

　半年前に発表したクレーム対応の論稿の最終項のタイトルに「クレーム対応の基本はインテグリティ（誠実性）」と記したところ、企業においてクレーム対応の最前線で活躍されている方々から、「クレーム対応の基本はインテグリティ。全く同感」というメッセージをいただきました。

　既述のとおり、クレームのほとんどは正当なクレームです。正当なクレームに遭遇する可能性が圧倒的に高い以上は「誠実性」を軸におくことは当然のことです。「悪質なクレームに誠実に対応すると、足元を救われるのではないか」という声も聞こえてきそうですが、悪質クレームだからこそ、誠実な対応が必要なのです。ただし、ここで求められる誠実な対応とは、「木で鼻をくくった誠実な対応」を指します。

2　「木で鼻をくくった誠実な対応」とは？

　「木で鼻をくくった誠実な対応」という言い回しは、クレーム対応の書籍等でたまに目にするものです。なんとなくわかったようでわからない言い回しですが、東京弁護士会の弁護士業務妨害対策特別委員会委員長（弁護士業務に対する様々な妨害行為から、弁護士を護るべく各種支援活動を行う委員会で、クレーム対応も重要な支援活動のひとつです）の瀧澤秀俊弁護士の説明が簡にして要を得て

いますので、同氏の説明をベースに整理します。

同氏によると、「木で鼻をくくった誠実な対応」の重要なポイントは「リミットセッティング」です。

以下ポイントを列挙しますと、
① 相手方との間に境界線を引いて、それを越えないように接する。
② あらかじめ決められた面談時間と予定されたテーマのなかで、誠実に応対し、じっくり話を聞く。見下した態度、面倒くさそうな態度、頭ごなしに決めつけるような態度は取らない。少なくとも表面的には、真剣に聞いていますよと言う姿勢。
③ 「なるほどよくわかります」ではなく、「お察しします」というスタンス。
④ 一度は時間がかかってもきちんと聞く必要はあるが、同じ話の繰り返しになったときには、「その話は、前にも伺っていますよ」として、むやみに付き合わない。

というものになります。相手との距離感におけるリミット、時間的リミットを明確に意識して対応することが重要なポイントです。

もしこの「木で鼻をくくった誠実な対応」を実践することなく、不適切な距離感を作ってしまうと、知らず知らずのうちに悪質クレーマーの失礼な物言いに反応してしまい、その結果、見下した態度、面倒くさそうな態度、頭ごなしに決め付けるような態度が出てしまいます。最悪なのは、その対応ぶりを録音にとられ、横柄な対応、高圧的対応といった形で攻撃材料を与えてしまうことです。

3　まとめ

このように正当なクレームはもとより、悪質なクレームに対しても、むやみに居丈高になる必要もぞんざいな対応をする必要もありません。ベースは誠実な対応（または木で鼻をくくった誠実な対

応)ということになります。

●コラム④　「誠実性」ということ

　私がある企業の講演会に招かれたときです。テーマはその企業に関わる新法に関するもので、聴衆はその企業のお客様です。お客様がリスナーですから、あくまで私の話は、その企業が新法に対してきちんと対応準備ができているといった内容です。

　私の話の前に、ひとコマその企業の社員が話をする時間が設けられていました。その話の中で、ほとんどの人は気付かないでしょうが、わかる人にはわかるけっして小さくはない法律の理解に関する誤りがありました。会場入りして最後列でその話を聞いていた私は即座にその誤りに気付きました。と同時に、私の席の前にいたその企業の社長が私のほうを振り向き、アイコンタクトで「会場の外へ」と促しました。

　外へ出て、開口一番彼は言いました。「先生は、今の説明の誤りにお気付きですね。ほとんどのお客様は気付いてないかもしれませんが、誤りは誤りです。先生のお話のとき、遠慮なく誤りをご指摘ください」

　私は、2つの点で驚きました。まず、会社の社長が新しい法律の趣旨をきちんと理解しており、誤りに気付いた点。つぎに、ほとんどの人が気付かないであろう誤りに対し、正面から誤りを認めようとした姿勢です。

　講演会後の懇親会の席上、お客様数名から「私も、社員の方の説明はおかしいなと思った。社長自ら誤りに気付き即座に訂正したので、こういう姿勢は信頼できますね」と言われました。

　クレーム対応でも、逃げ道や弁解を模索するのではなく、非は非として認め謝罪すべきは謝罪するという姿勢（すなわち「誠実性」）は極めて重要です。第9章で採り上げる事例においても、そうした企業側の誠実性が問題を解決に導いたのです。

第9章　クレーム対応のマインドを事例から考える

1　クリーニング事故の事例

【クリーニング事故の発生】

　1年前に妻を事故で亡くしたAさんは、妻を追慕する毎日を送っていましたが意を決して転居することとしました。その際、妻の衣類は3点だけ残し他の物は処分することとしました。

　Aさんは、転居前には近所の個人で経営しているクリーニング店を利用していましたが、転居先では適当なお店がみつからなかったため、チェーン展開しているクリーニング店にクリーニング品を出していました。

　何度か利用したところ、クリーニング品の返却時にクリーニングを頼んだときには付いていなかった汚れが付いていることに気がつきました。そこで、以前クリーニングに出して戻ってきて保管している品物についても、すべて点検してみました。37点の品物のうち9点に一見して明らかな汚れ、色落ち、風合い変わりといった事故がみつかりました。そして、非常に残念なことに、事故品のなかには妻の形見の品も含まれていました。

　Aさんは、即座にお店に電話をかけクレームを申し立てました。「9点もの事故がありました。なかには妻の形見の品もあります。ひどい状況なので一目見ればわかります」と告げました。電話を受けた担当者は、さっそく支店長に事故報告をあげました。

【会社側の事故対応】

　支店長は工場長をともない、さっそくＡさん宅を訪問し、事故の品物を確認して、謝罪とともに再度の修復加工の申し出を行いました。Ａさんは、事故の状況を転居前に利用していた個人経営のクリーニング店の店主に見せて修復可能性について確認しました。「気の毒だが、このようになってしまったものは修復不可能だ」と言われていたため、再加工についてはお断りしました。しかし支店長らが、「事故原因を調べるために、持ち帰らせていただけないか」と述べたため、品物の持ち帰りを了承しました。その際、支店長らは大きなビニール袋に、品物を畳むでもなく乱雑に詰めて持ち帰りました。

【工場長の事故対応】

　Ａさんは、勝手に再加工されているのではないかと心配になり、翌朝さっそく工場に電話してみました。工場長の電話対応は非常に頼りないものでした。たとえば、「アンゴラの起毛がなくなったものは、どうするつもりだったのですか」。この問いには「足します」という答え。Ａさんは「足すといっても、一度なくなったものをどうやって足すのですか」と重ねて問いました。この問いに対する答えは、「手芸の専門家に聞いてやりますから」というものでした。Ａさんが「提携している手芸の専門家がいるのですか」という問いには、「これから探します」という答えでした。

　Ａさんは、即座に工場に向かい品物を返してもらうことにしました。

　Ａさんの返却要求に応じて、工場長は昨日のまま品物が詰め込まれたビニール袋を持ってきました。この扱いに愕然としたＡさんは、不要のダンボールをもらい、自分で洋服を畳みなおして持ち帰ることにしました。

【役員の事故対応】
　店の対応に対する不満がピークに達したＡさんは、担当役員に直接電話をかけ、「とにかく現物を見て、事故の状況を確認してください」とお願いしました。役員は、翌日直接Ａさん宅を支店長らを同道して訪問し、品物を直接確認したうえで、「このように何点もの事故が発生したことは今までになかったことです。お恥ずかしいかぎりです。申し訳ありませんでした」と謝罪するとともに、改めて再加工の申し出を行いました。
　Ａさんとしては、このような複数の事故が発生した事実に加え、昨日の工場長のあまりに頼りない説明（アンゴラの毛を足す等）を聞いており、しかも以前利用していたクリーニング店の店主が、「修復不可能」と評していたのを聞いていたため、再加工の申し出はお断りするとともに、新品交換を申し出ました。

【新品捜索と顛末】
　会社側はこの申し出を受け（ただし、新品と交換するにあたっては、事故品は会社側に提供するということが条件）、品物の写真を撮影して早速品物の捜索を開始しました。しかし残念ながら、事故品９点のうち新品の在庫があったものは１点のみで、残りの８点はメーカー側に在庫なしという結果となりました。
　Ａさんは、とりわけ妻の遺品がみつからなかったことを残念に思いました。その品物は、夫婦で海外旅行に行った際に、現地で妻がみつけ気に入って購入したものであったため、会社側に海外の本店の在庫確認もするよう申し出ました。会社はこの申し出を受け、当該メーカーの本店にも英文レターで在庫確認を行いましたが、やはり在庫はありませんでした。
　その後、会社側からＡさんに対して、「９点の事故品のうち７点については、会社に責任があるかどうかわからないが、３点につい

ては再加工をさせていただきたい。残りの品物については、査定基準に則り金銭賠償させていただきたい。在庫で新品がみつかったものについては代替品として提供する」といった趣旨の手紙が届きました。

　Aさんは、突如として「7点については責任があるかどうかわからない」といった主張がなされ、さらに妻の遺品が半額に査定されているのを見てショックを受け、会社に電話をして「私が直接海外のメーカーに出向いて交渉するので旅費を出しなさい」と怒鳴りつけました。

　この日を境に、会社側は「手紙に書いてあることが会社の方針です」の一点張りとなってしまいました。

2　クレーム判定法へのあてはめ

　では、さっそく【クレーム判定法】にあてはめてみましょう。

▶クレーム判定第1段階〜事実確認

　最初に行うべき大切な「事実確認」ですが、本件については物品の事故ですから比較的簡単です。瑕疵の有無は客観的に判断できます。

▶クレーム判定第2段階〜お客様の要求は申立事実に照らし適正か？

・想定されるお客様の要求事項

　このようなクリーニング事故が発生した場合、考えられるお客様側の要求は、①きちんとやり直してほしい、②新品と交換してほしい、③新品相当額の弁償をしてほしい、④着用したものだから適正な査定をして相当な賠償をしてほしい、⑤泣き寝入り、などが考えられます。②から④についてはクリーニング代の返還も併せ行われることもあるでしょう。

・企業側にとって違和感のない要求、違和感のある要求

①の「やり直し要求」と④の「相当額での弁償」は、企業側にとっても全く違和感のない要求です。まさしく申立事実に照らし適正な要求です。いきなり②や③の要求が出てくるということになると、企業側も違和感を感じる部分が出てくると思われます。それは、企業側に判断の基底に「裁判になったらどうなるか」というものがあるからです。着用した衣類を新品価格で弁償せよとか、代替の新品を用意せよという判決はまず出ないと考えるのは合理的な判断です。つまり裁判になっても、極めて実現困難な要求をするお客様≒不当要求を行うお客様、というバイアスがかかり始めるのです。

　しかしお客様は、裁判結果を想定して要求事項を決めているわけではありません。①のやり直しが不可能な場合や、可能であっても本件のような9点もの事故を発生させ、さらにやり直しに関するお客様の質問に対する工場長の頼りない対応をみれば、この会社にやり直しを頼みたくないお客様の心情は十分理解できるところです。そうであれば次善の策として、②や③のような要求を行うお客様は必ずしも少数派とはいえないでしょう。

>　裁判の進行を想定できる企業側と、そのような事情を想定できない大多数のお客様との間には、大きなギャップがあることに注意する必要がある。
>　企業側は、最終的に裁判になればどのような展開になるかを想定しつつも、平均的なお客様の発想に想像力を巡らせなければならない。

　なお本件では、お客様側が「まずもって新品を探して欲しい」という希望を出した際、新品探索にトライした企業側の意気込みは買うべきです。

▶クレーム判定第3段階～お客様は自らの要求を不適正と認識している

のかいないのか？

　先に見たとおり、②の新品交換要求それ自体、明らかに不適正な要求というわけではありませんが、品物ではなく新品相当額の弁償をお客様側が求めてきた場合どのように対応すべきでしょうか。

　代替品の新品を探し出して購入するつもりだったのだから、そのお金を衣料品メーカーに渡そうと、お客様に渡そうと同じではないかとして、新品相当額の弁償を認めるという議論もありうるところです。

　しかしそれが原則論となれば、事実上すべての場合にお客様の実損を超える金額を、会社が賠償するということになりモラルハザードが生じる危険があります。やはり、代替品の提供と実損を超える賠償は分けて考える必要があります。お客様に対して、根気強く査定額の弁償の合理性を説明すべきです。そして、合理的な説明を質・量ともに尽くしたのに理解を得られない場合は、司法の場で判断いただくほかありません。

3　本件の特殊事情その1〜クレーム対応マインドが問われる場面

　本件では、事故品のなかに形見の品が入っていたことが大変重要なポイントになります。しかも形見の品を台無しにしただけではなく、その後の会社の対応がお客様の不信感を増大させていきました。

　お客様は、事故発生当初から「形見の品」であることを告げていたのですから、会社側が第一報を受けて駆けつけた際に、品物を畳むことなくビニール袋に詰めたことはお客様の感情をひどく傷つけました。クリーニング会社からすれば、クリーニング前の品物を袋に詰め込むことは日常的なことかもしれません。しかし、ビニール

袋に詰め込んだ品物は、単なる「事故品」ではなく「形見の品」であることに思いをいたすべきでした。また、それ以前の問題として「形見の品」を台無しにされた時点で、お客様が大変ショックを受けていることについてもより一層想いをいたすべきでした。これらの点に配慮を欠いたために、お客様の対応を硬化させた可能性を考える必要があります。

　また、代替品を探索できた場合についても、原則論としての事故品の引き取りを「形見の品」についてまで押し及ぼそうとした点も、配慮を欠く対応と言わざるをえません。真の意味で「形見の品」の代替品はないのです。その意味で会社は、まさに「取り返しのつかないこと」をしたことについての自覚を持つべきでした。

　悪質クレーマーも「銭金の問題ではない」と言いますが、それはあくまで「金が欲しいわけじゃないからね」というポーズです。正当なクレームを申し立てているお客様のなかに、真実「お金の問題ではない」部分にこだわっているお客様は、少なからずいることに留意して、ひどくこじれるまえに、「いたらぬ対応」について会社はきちんと謝罪すべきです。真実「お金の問題ではない」以上、非があった部分について真摯な謝罪がなされれば、お客様の不満は一瞬にして霧散してしまうことは珍しくありません。

　こじれてしまった場合は、そのような対応によって発生する「精神的損害」を、弁護士と相談するなどして査定に織り込む余地はあります。もちろんそのような場合でも、真摯な謝罪がまずありきです。

　斟酌するに値する特殊事情は、事案解決に際して適切に盛り込んで、苦情申立人の苛立ちを沈静化することに努めることが大切。
　なにはさておき、特殊事情をきちんと認識していることを示したうえでの真摯な謝罪が必要となる。

4 本件の特殊事情その2〜クレーム対応マインドが問われる主張

　本件で、会社は熱心に新品の在庫探索を行いましたが、残念ながら9点中1点しか新品在庫はありませんでした。その際の申し出が、再加工の申し出と査定基準に基づいた賠償額の提示ですが、併せて「7点について会社の責任かどうかわからない」という申し出がなされていた点に、注目する必要があります。会社に責任があると判断したからこそ、会社は9点の品物の探索を行ったのではないでしょうか。

　責任があるかどうかわからないというのであれば、まずもって責任の有無についてはっきりさせるべきでしょう。その点については現場の担当者が現認し、さらに役員まで現認したうえで責任があることを前提に、様々な解決に向けたアクションを起こしていたのですから、最後の最後に従前のアクションと整合しない免責を臭わせる申し出はするべきではありませんでした。このことは、会社が熱心に新品を探索した事実に、自ら水を差すことにもなりかねない対応といえます。

　また、本件発生当初から、お客様は再度の修復は事故の状況（他のクリーニング店で修復不可能といわれていること）と事故品の数量に照らし、とうていこのクリーニング会社に修復をお願いすることは無理だと判断し、その意向を伝えてありました。いったんそれをクリーニング会社側で受けながら、最後の手紙でその提案を蒸し返すのも、問題をこじれさせるだけのことと言わざるをえません。

　これら「免責主張」と「再修復申出主張」の問題点は、会社側の対応にブレがあるという点です。前者の主張は、それまで新品探索を熱心に行っていたことと相容れない主張であり、後者の主張は

「人の話を聞いているのか」という気持ちにさせてしまいます。

> 方針を決めたら、よほど合理的理由や必要性がない限り、方針変更は安易に行うべきではない。方針のブレは、たちどころに苦情申立人との関係を悪化させることになる。

5　お客様側の問題点の捉え方

　この事案のなかで、Ａさんは「私が直接海外のメーカーに出向いて交渉するので、旅費を出しなさい」と怒鳴りつけ、この日を境に、会社側は「手紙に書いてあることが会社の方針です」の一点張りとなったという場面があります。

　ここでＡさんが「海外に交渉に行くから、旅費を出しなさい」と主張した部分は、そこだけ採り上げれば明らかに不当要求です。問題は、こういった問題発言を「点」で捉えるか「線のなかの１点」と捉えるかです。

　企業側は、「怒鳴った」「人格攻撃をした」「不当要求をした」といった「点」で、悪質クレーマーと分類する傾向が行き過ぎている部分があります。深澤直之弁護士のいう不当要求の行為類型の積み上げも（35頁）、基本的に複数のイエローカードが累積した結果レッドカード（退場命令）となるので、いきなり退場というのは例外的な場合です。

　クレームは、お客様の当該企業への思い入れ、あるいは異常値（愛妻の形見を台無しにされたということも入るでしょう）に反応して行われるのが一般です。クレームを申し立てる側は、全くの平常心でもの申しているわけではないのです。また、「大組織」に立ち向かうということで肩に力も入っています。それでも、ほとんどのお客様は日々を一生懸命暮らしている市民です。心のなかは大波

でも、常識ある社会人としてなるべく冷静に話そうと努力しているのです。

　そこを不用意に、ときに無神経に、クレーム対応マインドの基礎となる誠実性を忘れた対応をされるから、大きな声、きつい言い方、無茶な要求を突きつけてしまうことにもなるのです。

　その無茶な要求を、ただの「点」で評価することは控えましょう。経緯という線上で、どういうなりゆきで出てきた「点」なのか冷静に評価しましょう。本件でも、会社側が非を認めていた7点の品物について、突如として「会社に責任があるかどうかわからない」と言われたこと、妻の遺品を単純に賠償の査定表にあてはめて半額以下に査定したことなどが相俟って、Aさんをクレーマーまがいに扱い、その結果Aさんに不用意な発言をさせた可能性を考慮すべきです。

　なお本件は、Aさんが、先のような経緯のもと、行き過ぎた発言があったことを認め、企業側も「形見の品」についての配慮を欠いていたことを率直に認め、謝罪の意を示したことをきっかけに円満に解決することができました。Aさんがリクエストしたわけでもないのに、企業の代理人弁護士が起案した和解条項案の<u>第1項が誠実な謝罪条項</u>であったこと、それ自体Aさんの感情を慰謝するに十分なものでした。クレーム対応マインドを備えた弁護士の心憎い対応といえるでしょう。

第10章　金融機関のクレーム対応

　これまで、クレーム対応のスキル（正当なクレームと悪質なクレームの判別法・事実確認の手法）と、クレーム対応のマインドについて様々な角度から検討を加えてきました。
　本章では、金融機関として留意すべき点について確認してみることとします。

1　基本的対応方針

⑴　金融機関のお客様は不特定多数

　金融機関は、多くのお客様が出入りします。口座開設をして恒常的な取引のあるお客様、融資の申込みにいらっしゃるお客様、他の金融機関とメイン取引をしているが、ＡＴＭだけ利用にいらっしゃるお客様まで、本当に多種多様です。また、金融について精通しているお客様もいらっしゃれば、ほとんど知識のないお客様もいらっしゃいます。
　ただ、取引の有無・濃淡にかかわらず、ひとたび店舗に入っていらしたお客様である以上、どのような立場のお客様であれ、お客様として接遇することが必要になります。もちろん、そのなかには第3章で紹介しましたパターンＡのお客様もパターンＢのお客様もパターンＣのお客様もいらっしゃいます。ですから、どのパターンに当てはまるかは、ある程度やりとりをしなければ判別できません。加えて、既述のとおり金融について精通度合いも千差万別です。それぞれのお客様の水準に合致した的確な対応を行う必要がありま

す。
(2) 金融機関は当然丁寧な対応をしてくれるという気持ち

　世の中には、最上級の対応をしてくれるであろうという期待値が非常に高い業種があります。典型的な業種は、ホテルと百貨店です。ホテルも百貨店も最上級のおもてなしのなかで、さらに各店の差を打ち出すべくサービス合戦が行われるくらいですから、お客様の期待値もますます高まります。金融機関は、お客様のおもてなしそれ自体が本業ではありませんが、本業に密接に位置づけられるものとして、ハイレベルな接客対応が求められる業種です。お客様側の意識としては、ホテルや百貨店に準じるレベルの接客対応を期待されていると覚悟したほうがよいでしょう。

　受信業務で接点のあるお客様は「お金を預けている」という意識、与信業務で接点のあるお客様のなかには「お金を借りてやっている」という意識の方もいらっしゃいます。平たく言えば、「毎月高い利息をとっているんだから、ちゃんと対応しろ」という意識です。つまり、どのような立場のお客様であれ、「金融機関なんだから、きちんと対応するのが当たりまえ」という意識は、大なり小なり持っているということです。

(3) 不特定多数のお客様から、ハイレベルな接客を求められている状況をどのように受け止めるべきか？

　金融機関は、多種多様なお客様に高い期待を持たれているわけですから、まずもって、その期待に誠心誠意応えることが本筋の対応です。

　お客様が求める内容が、「それはワガママというものでしょう」というものもあります。例えば、現在多くの金融機関が生き残りをかけて合併するケースが少なくありません。Xという金融機関とYという金融機関が合併するとき、それぞれの企業風土が近似してい

ることなどは稀なことです。血液型の不適合のような副作用で、多くの金融機関が苦しみながらその問題を克服していることは周知の事実です。ところがお客様は、そのような苦労など知る由もなく、「Xではこうしてくれて、合併したらなぜできない」などといったことを当然のこととして主張されます。金融機関の職員は溜息のひとつもつきたいところを、グッと堪えて誠心誠意根気よく対応されていることと思います。

(4) 誠心誠意の対応は永遠に続くのか？

　かような誠心誠意の対応にもゴールはあります。パターンBやパターンCのお客様であることが明らかになったときです。このようなお客様に対しては、先述のとおり仮処分を検討する必要があります（第4章）。

　仮処分について紹介した箇所にも記しましたが、お客様に対する仮処分ということに非常に驚かれることがしばしばあります。この点については2つの側面から考えてみてください。

　ひとつは「顧客第一主義」の本来の意味です。お客様に対する仮処分の申立に驚かれる方は、「第一」と位置づけているお客様に対して法的手段をとることへの抵抗があるでしょう。しかし、「第一」と位置づけている「お客様」とは、具体的に誰のことを指すのでしょうか。ここでいう「お客様」は総体としての「お客様」となります。

　総体としてのお客様ということは、すなわちすべてのお客様を第一と位置づけ大切にしますということに他なりません。

　ところで、「不適正な要求」とはどういうものだったでしょうか。「不適正な要求」とは、企業側の「しかるべき対応」に納得せず「特別な対応」を強行に求めるものでした。そうすると、「特別な対応」を求める特定のお客様の求めに応じて「特別な対応」をすれ

ば、総体としてのお客様との関係では不公平が生じることになります。これは経営理念に掲げる「お客様第一主義」に逆行する対応以外のなにものでもありません。

　店内に掲げた経営理念を指差して、「顧客第一主義というのは建前か」と、お客様に怒鳴りつけられるかもしれません。そのときは「すべてのお客様に、同じように対応させていただくことがお客様第一主義でございます」と返してください。

　もうひとつは、法環境の変化にキャッチアップするには一定の時間を要するということです。金融機関が不良債権の回収に向けて競売を申し立て始めた頃を思い出してください。年号が平成に変わってしばらくした頃です。あの当時、競売の申立を躊躇する金融機関はありませんでした。さらに遡って昭和50年頃はどうでしょうか。抵当権を設定しているからといって競売を申し立てることにはなかなか抵抗があったようです。「お客様の土地建物を競売にかけるなんて」という意識が強かったと聞きます。

　しかし、不良債権の回収が待ったなしとなった今、競売申立はごく日常的な金融機関の業務となっています。本書を含め、クレーマー対策の書籍が何種類も出版されている現状に鑑みれば、各金融機関においてクレーマー対策は喫緊の課題となっています。企業防衛としてのお客様（正確にはお客様の名札をつけた業務妨害者）に対する仮処分が増加することは必定です。万一、現在お客様を債務者とする仮処分申立に躊躇される向きがあるとしても、早晩当たり前のことになるのだという認識のもと、必要な法的手続を選択していただきたいと思います。

2　具体的対応法

(1)　５Ｗ１Ｈを意識した聴取を阻害する諸要因

苦情申立者からの聞き取りに際して５Ｗ１Ｈを意識すべきことは第５章で触れているとおりです。実際に聴取を行うと、関係ない話を延々と続けたり、担当者に質問を向けてきたりというように、思ったとおりにことが運ばないことがあります。関係ない話は、聞き流していいし、適当に交通整理を行うもよいですが、困ってしまうのは担当者に向けられた質問です。
　「入行何年目だ」「出身はどこだ」「大学はどこを出たんだ」等々です。このような苦情と関係のない質問には、いっさい答えないというスタンスを貫徹する方法もありますが、苦情申立者のパターン別に対応を変えるべきです。
　先に掲載した不当要求・クレーム対応ピラミッド（26頁）を参照してください。この図の対処方の欄に「誠意をもって」とあるパターンＡ・パターンＣのお客様には、苦情とは関係ない質問であってもある程度会話が成り立つ程度の応答はあってしかるべきです。しかし対処方が、「法的対処」となるパターンＢや反社会的勢力からの質問は、「お客様のお申し出とは直接関係ございませんので、お答えする必要はありません」と返してください。
　この対応は、非常に硬いデフェンシブな対応ですが貫徹することが必要です。８章で紹介しました「木で鼻をくくった誠実な対応」を実践してください。くれぐれも「入行何年目かということは、本件についてきちんと対応できるかどうかに関係してくることだろう」といった屁理屈に付き合わないでください。「入行何年目であれ、お客様の申し出に耳を傾け（木で鼻をくくった）誠実な対応を行うという点では何の変わりもございません」と粛々と対応してください。

(2)　事実だけをベースに話を進めましょう
　苦し紛れに、口から出任せをいうことは絶対にしてはなりませ

ん。「××について確認したのか」という質問には、「確認しております」と回答しないと立場が悪くなる場面でも、実際に確認していないのであれば「その点につきましては、現時点で確認がとれておりません」と返すべきです。

同様に、責任転嫁も厳禁です。金融庁の指導もないのに「金融庁のご指導で、このような対応をとらせていただいております」とするのは、まさにその場しのぎでしかなく、早晩に自分の首を締めることになります。

事実だけをベースに話を進め、嘘は絶対につかないことが鉄則です。

(3) 記録化と情報共有

苦情申立人の来店時間、服装、特徴、苦情の内容、回答内容等はただちに記録化して可及的速やかに本部に報告してください。パターンBおよびパターンCの苦情申立人は、一支店で苦情を聞き入れられない場合、他の支店を回り同様の苦情申立を行うことがあります。そのような場合に、本部経由で近隣支店に情報が回っていれば、「本部から連絡があった例の人物」と即座にわかり心の余裕ができます。

また、最初に訪問した支店の対応とブレのない対応ができるので、「さっきの店と言うことが違う」という攻撃を回避することができます。記録化したものをメール・ファックスで本部に報告したら、併せて必ず電話でも一報入れておいてください。メールを開いていなかったがために、各支店への連絡が遅滞することを避けるとともに、細かなニュアンス等口頭でしか伝わらないことがあるからです。

(4) 反社会的勢力対応

返済に窮した融資先が、素性のよくわからない人物を伴って、元

本カットなどの無理難題を押し付けてくることがあります。このような反社会的勢力とおぼしき第三者介入事案は少なからず発生します。この点については森原「反社会的勢力対策とコンプライアンス（経済法令研究会）」に詳細に説明していますのでご参照ください。

(5)　社内研修

　クレーム対応をクレーム対応専門の部署の専権事項として、なんでもかんでも担当部署に廻すといった対応は好ましくありません。正当なクレームを申し立てているお客様からすれば、「クレーマー扱いされている」ということになってしまい、クレームを増幅するだけです。クレーム対応が内部統制の一環であり、また「顧客第一主義」の真価が問われる場面であることに思いをいたせば、適切なクレーム対応のスキルとマインドは全役職員が持ってしかるべきものです。

　そのためには、クレーム対応マニュアルを作成して、それに準拠した研修を実施する必要があります。ここでいうクレーム対応マニュアルは、多くの企業で反社会的勢力マニュアルの一部として用意されている悪質クレーマー対応マニュアルではなく、正当なクレームをきちんと受け止めるためのマニュアルです。

　マニュアルのコンテンツとしては、第５章で採り上げている内容を参考にしてください。具体的には、苦情申立聞き取りのポイントとしての５Ｗ１Ｈ、苦情申立人たるお客様の心理状態への配慮、記録化と情報共有、会社に非がある場合の対応（謝罪・対応の迅速性）、クレームを受け止める基本姿勢は感謝の気持ちであること、等々です。

　このマニュアルを浸透させるための社内研修や、読み合わせなどの工夫も必ず行ってください。

第10章　金融機関のクレーム対応

●コラム⑤　声に出して読みたい社内マニュアル

　以前、ある書籍に「声に出して読みたい検査マニュアル」というコラムを書きました。内容を再現すると次のような内容です。
　『先日、ある金融機関のコンプライアンス担当マネージャーから興味深い話を聞きました。「検査マニュアルや監督指針は、コンプライアンス部門の人間なら一度は読んでおくべきだが、どうしても読みきれないのが実状なので、私のところでは時間を作って輪読会を行っている」というのです。
　「声に出して読みたい日本語」ならぬ「声に出して読みたい検査マニュアル」です。
　なるほど、こうすれば強制的に必ず読むことになります。しかも彼の説明によると効用は、それに止まらないそうです。まず、検査マニュアルや監督指針は、金融庁の精鋭の手による練りあげた文章で構成されているので、そういう文章に数多く触れることでセンスが磨かれるそうです。また、大切なメッセージは繰り返しいろいろなところで出てくるので、繰り返し出てくるところはあらかた頭に入ってしまうそうです。……後略』
　先日、ある雑誌の座談会で「コンプライアンスマニュアルは、配布したらそのままどこかのファイルに放り込まれて、眠ってしまうことが往々にしてある」という指摘を私がしました。すると、ある金融機関の担当者が「私のところでは、毎週金曜朝礼の際に、1頁ずつ読んでいます」とお話されていて、私はこれならコンプライアンスがカルチャーとして確実に浸透していくだろうと深く感心しました。すぐにその金融機関のマニュアルを送っていただいて拝見したところ、22頁と分量はコンパクトながら、非常に濃密な内容のマニュアルでした。目次等を除くと、約5か月で一巡するわけです。マニュアルが使われない、読まれないと嘆く前に、読むことを社内行事のなかに組み込むことが、実は一番効果的でかつ早道なのです。

第11章　クレームを吸収して感動を返そう

　お客様は企業のことをよく見ており、また接客業ではサービスを受ける側として、企業側には見えない問題を知る立場にあります。その意味で、企業がリスク情報をもれなく獲得するには、内部通報制度とお客様の指摘を、相互補完させて隙間を埋める努力をしなければなりません。

　最近では、多くの企業が「お客様の声」を様々な方法で取り入れる努力を行っています。内部通報制度では主として狭義のコンプライアンス（法令等違反）に関わる通報が多数を占めることとなりますが、お客様の声は広義のコンプライアンス（社会の要請に適合した自己責任に基づく行動選択）に関わる情報が中心となります。まさに相互補完です。

　お客様の声は、ときに無責任な意見や単なる自分の好みを押し付けるようなものも含まれており、もちろんそのすべてに対応する必要はありません。しかし、仮に100通の声のうち99通が無責任であったとしても、1通が正鵠を得たものであれば、それでいいのです（ちなみに、内部通報制度も同様です。多くの通報がグチや人生相談でも、1通の企業の深刻な不祥事を教えてくれる通報があれば、それで制度は役に立ったといえるのです）。

　苦情は、期待値を下回ったサービスや商品に接して発せられるものですから、声を発した段階でお客様の当該企業に対する評価は低下しています。仮に、以前の評価が80点だったのに60点まで下がったとしましょう。ここで大切なことは、苦情対応のクオリティが

第11章　クレームを吸収して感動を返そう

高ければ80点に回復どころか、以前より得点アップの90点とか100点といったことも目指せるということです。

　ポイントは、まず感謝の気持ちを伝えることです。それは「ご指摘いただきありがとうございます」といった言葉を発するかどうかといった問題ではありません。企業が本当にありがたいと感じたのであれば、指摘された問題への対応のスピードは早くなります。改善の掘り下げ方も徹底したものとなります。

　指摘され時間をおかずして、問題点が払拭されたどころか以前より良い状況に持って来ることに成功したら、苦情を申し立てたお客様の心に芽生えるのは「感動」です。嫌な想いを一度はさせられたかもしれないが、それを埋めて余りある「感動」を得たら、一度離れかけたお客様の気持ちは、以前よりもっと近くに戻ってくるのです。

【著者略歴】

森原　憲司（もりはら　けんじ）
〈弁護士資格〉
1992年　司法試験合格
1995年　弁護士登録
〈職歴〉
1995年　虎門中央法律事務所（代表弁護士今井和男）入所
2000年9月　アメリカンファミリー生命保険会社（アフラック）副法律顧問（企業内弁護士）就任
2001年4月　アフラック法務部長就任（法律顧問兼務）
2005年10月　森原憲司法律事務所開設
〈主な著書・論文等〉
「コンプライアンス態勢構築の実務」（リージョナルバンキング平成15年4月号）
「遵法経営を確立するコンプライアンス・プログラムの策定と運用の実務」（社団法人企業研究会研究叢書No.121）
「通報窓口設計の実務上の留意点について」（NBL No.829）
「公益通報者保護法～これだけは押さえておきたい基本と運用ポイント」（ビジネスリスクマネジメント平成18年6月号）
「苦情・クレームへの対応とコンプライアンスの実践」（JA金融法務No.447）
「反社会的勢力対策とコンプライアンス—CSR主義の実践」（経済法令研究会）
ほか

苦情・クレーム対応とコンプライアンス　—CS主義の実践—

2009年2月20日　初版第1刷発行	著　　者	森　原　憲　司
2009年4月27日　初版第2刷発行	発 行 者	下　平　晋一郎
2011年2月16日　初版第3刷発行	発 行 所	㈱経済法令研究会

〒162-8421　東京都新宿区市谷本村町3-21
電話　代表 03(3267)4811　制作 03(3267)4823

営業所／東京03(3267)4812　大阪06(6261)2911　名古屋052(332)3511　福岡092(411)0805

表紙デザイン／DTP室　制作／小野 忍　印刷／日本ハイコム㈱

©Kenji Morihara 2011　Printed in Japan　　　　　　ISBN978-4-7668-2157-4

"経済法令グループメールマガジン"配信ご登録のお勧め
当社グループが取り扱う書籍、通信講座、セミナー、検定試験情報等、皆様にお役立ていただける情報をお届け致します。下記ホームページのトップ画面からご登録いただけます。
☆　経済法令研究会　http://www.khk.co.jp/　☆

定価は表紙に表示してあります。無断複製・転用等を禁じます。落丁・乱丁本はお取替えします。